Martin Kluger

BISCHOF ULRICH

Ein Heiliger aus Augsburg

Bistumspatron, Brunnenheiliger
und Retter Augsburgs im Jahr 955.
Eine Spurensuche

context verlag
Augsburg | Nürnberg

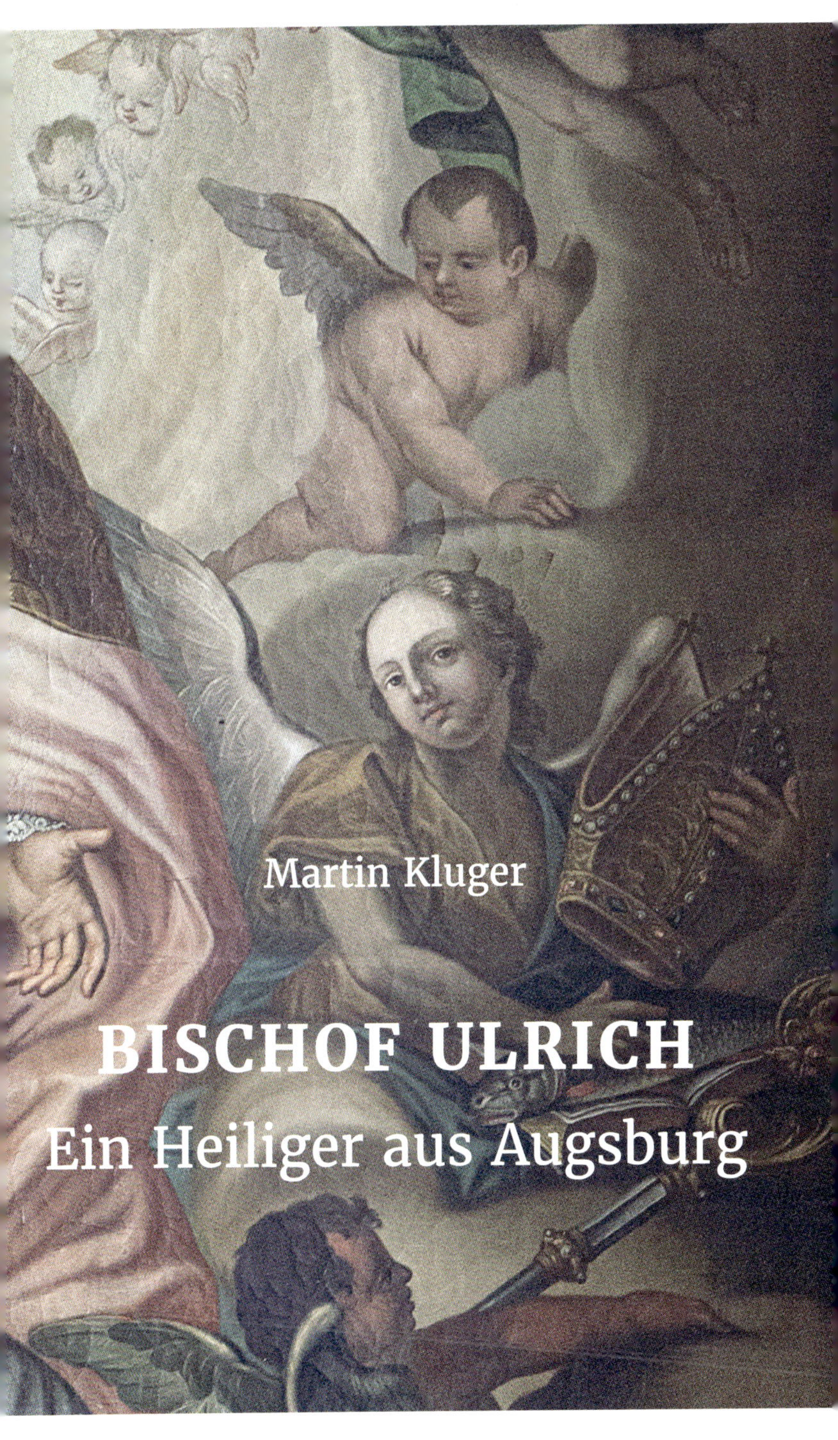
Martin Kluger
BISCHOF ULRICH
Ein Heiliger aus Augsburg

 Der heilige Ulrich

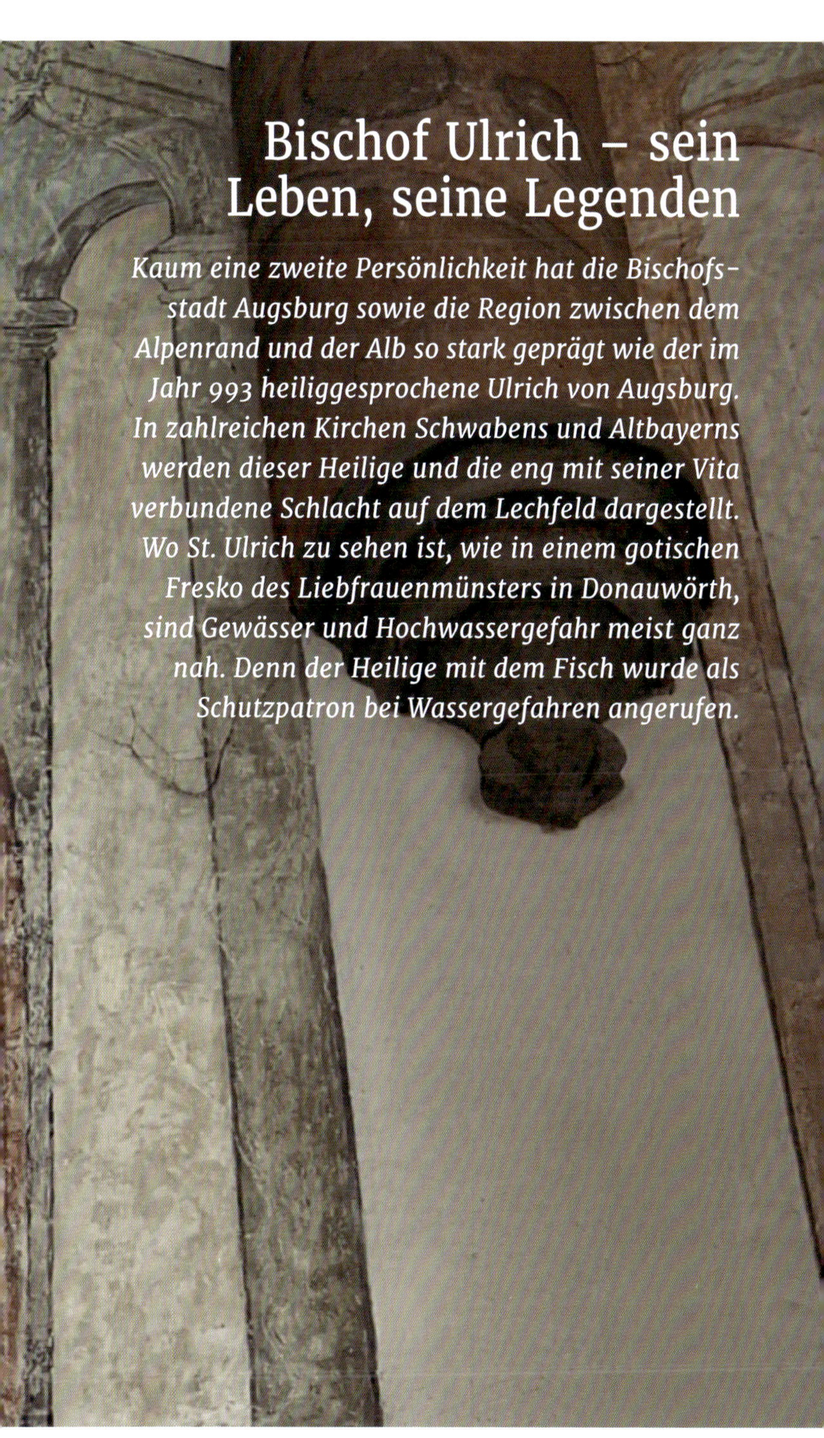

Bischof Ulrich – sein Leben, seine Legenden

Kaum eine zweite Persönlichkeit hat die Bischofsstadt Augsburg sowie die Region zwischen dem Alpenrand und der Alb so stark geprägt wie der im Jahr 993 heiliggesprochene Ulrich von Augsburg. In zahlreichen Kirchen Schwabens und Altbayerns werden dieser Heilige und die eng mit seiner Vita verbundene Schlacht auf dem Lechfeld dargestellt. Wo St. Ulrich zu sehen ist, wie in einem gotischen Fresko des Liebfrauenmünsters in Donauwörth, sind Gewässer und Hochwassergefahr meist ganz nah. Denn der Heilige mit dem Fisch wurde als Schutzpatron bei Wassergefahren angerufen.

Der heilige Ulrich am Ulrichsbrunnen im Augsburger Dom. Der Bistumspatron und seine Adelssippe, die Hupaldinger, haben die Geschichte der Region um Augsburg maßgeblich mitbestimmt.

Bischof Ulrich von Augsburg: Kirchenfürst und Bistumspatron

Bischof Ulrich von Augsburg zählt zu jenen Schlüsselfiguren, die für die Geschichte Augsburgs und dessen Umlands – dem Land zwischen Alpen und Alb – nachhaltig prägend waren. Ohne diesen tatkräftigen Kirchenfürsten wäre die Geschichte Augsburgs, Bayerns (vielleicht sogar weiter Teile Europas) womöglich ganz anders verlaufen. Die Schlacht auf dem Lechfeld, bei der Ulrich im Jahr 955 Augsburg vor den Ungarn verteidigte, prägt sein Bild. In vielen Kirchen Bayerns und weit darüber hinaus ist der Bischof in der Ungarnschlacht dargestellt. Doch was ist wahr, was ist Wunschdenken? Viele Fragen um den 993 heiliggesprochenen Sohn eines alamannischen Adeligen sind ungeklärt. Legenden und Intentionen überlagern mitunter das Bild der historischen Persönlichkeit.

So wichtig Ulrich für die Geschichte Deutschlands und Europas auch sein mag: Nicht einmal der Geburtsort des um das Jahr 890 geborenen Sohns des alamannischen Gaugrafen Hupald ist

Bildhauer und Maler haben sich über die Jahrhunderte in zahlreichen Stilrichtungen mit St. Ulrich auseinandergesetzt – wie mit einem Relief von 1946 an der Kanzel des Augsburger Doms.

geklärt. Das Dörfchen Wittislingen nahe Dillingen a. d. Donau – einst der Stammsitz der Hupaldinger – reklamiert diese Ehre für sich. Nach Ulrichs eigenem Bekunden sei er jedoch in Augsburg geboren worden. Doch auch Dillingen oder Sulmetingen werden als Geburtsort genannt. Die Wahrheit ist: Man weiß es nicht.

„Uodalrîh" – ein Name wie ein Programm: Reichtum, Bildung, karrierefördernes Netzwerk

Was man weiß: Der Name Ulrich – althochdeutsch „Uodalrîh" – war „Programm". Er soll „der an Erbgut Reiche" bedeuten, was man angesichts von Ulrichs Abstammung, der wirtschaftlichen Verhältnisse der Zeit und seiner Ausbildung im Kloster St. Gallen wörtlich nehmen darf. Dem Tatmenschen, Machtpolitiker und Kirchenfürsten Ulrich dürfte allein schon seine Herkunft Tür und Tor geöffnet haben. Die Adelssippe der Hupaldinger war mit mehreren schwäbischen Herzögen verwandt. Über seine Mutter Gräfin Thietburga beziehungsweise über Kaiserin Adelheid war Ulrich sogar mit dem Herrschergeschlecht der Ottonen verwandt. Der Bischof, der ihn 908 als Kämmerer nach Augsburg holte, war womöglich sein Onkel Adalbero. Dass der Adelsspross

Im Dom sieht man St. Ulrich als gotische Schnitzfigur. Auch die verwitterte steinerne Originalfigur vom Nordportal hat man in den Dom versetzt. Außen am Portal findet man nun eine Kopie.

Ulrich nicht unter dem Nachfolger seines Onkels arbeiten wollte, belegt, dass er von Standesdünkel und vom als Todsünde angesehenen Hochmut nicht eben frei war: Denn den neuen Bischof Hiltine hielt er für nicht standesgemäß. Darum zog sich Ulrich einige Zeit auf den Wittislinger Stammsitz seiner Sippe zurück.

Als Hiltine 923 verstarb, wurde Ulrich in Mainz auf Empfehlung eines Verwandten – Herzog Burchard II. von Schwaben – zum Bischof gewählt. Dessen Vater, Burchard I., Markgraf in Rätien, Graf im Thurgau und in der Baar (ein Gebiet zwischen Schwarzwald und Schwäbischer Alb), war ab 909 Herzog von Schwaben gewesen: Das Herzogtum Schwaben umfasste ein weit größeres Gebiet als das heutige Schwaben. Im Jahr 911 war Burchard I. hingerichtet worden, nachdem ihn der schwäbische Landtag wegen Hochverrats zum Tod verurteilt hatte. Man ahnt, dass es auch bei der Besetzung von Bischofsämtern an erster Stelle um Macht- und Reichspolitik ging. In den Sphären der Politik des Mittelalters – man sieht es am Beispiel von Ulrichs enthauptetem Verwandten – ging es nicht eben zimperlich zu.

Für die Karriere des Hupaldingers Ulrichs war jedenfalls gesorgt. Was man im Falle Bischof Ulrichs bei näherer Betrachtung also

Die stilistische Vielfalt von Darstellungen Bischof Ulrichs durch die Malerei lässt sich mitunter in einer einzigen Kirche, etwa in der Augsburger Basilika St. Ulrich und Afra, erahnen.

durchaus Nepotismus nennen könnte, erwies sich für die Stadt Augsburg und das Bistum Augsburg allerdings als Glücksfall. Die Zeiten waren schwierig, und der mit den Umständen der Kriegsführung wohl vertraute Adelsspross Ulrich war der richtige Mann am richtigen Platz. Bei seinem Amtsantritt soll Bischof Ulrich ein Trümmerfeld vorgefunden haben, weil die Ungarn Teile von Augsburg und wohl auch den Dom zerstört hatten. Der neue

Auch Artefakte, die sich den Hupaldingern – den Grafen von Dillingen – widmen, belegen den Einfluss der Sippe Ulrichs auf die Entwicklung größerer Gebiete Schwabens. Im Augsburger Dom zeigt ein Grabmal Bischof Hartmann V. mit dem Baumodell der romanischen Bischofskirche.

Bischof musste seine Kirche also erst einmal wieder aufbauen lassen. Die beweglichen Reiterhorden der Magyaren hatten bereits im Jahr 907 ein bayerisches Heer vollständig aufgerieben. Und 910 war ein Heer unter dem ostfränkischen König Ludwig „das Kind" auf dem Lechfeld vernichtend geschlagen worden. Daraufhin folgten regelmäßig Raubzüge der Ungarn: 913, 915, 917 und 919 plünderten die Angreifer das weitgehend wehrlose Land vor den Alpen, dessen Bevölkerung versuchte, sich angesichts dieser Plage notdürftig in sogenannten Ungarnfliehburgen zu verteidigen. Dem Schutz vor den Ungarn diente wohl auch eine Burg in Dillingen a. d. Donau. Die Hupaldinger, Ulrichs Adelssippe, hatten diese erstmals 973 schriftlich erwähnte Veste errichten lassen. Sie nannten sich nun „Grafen von Dillingen".

Die Schlacht auf dem Lechfeld hat das Bild, das sich die Nachwelt von Ulrich machte, geprägt

In Augsburg begann Ulrich wohl bald nach seiner Bischofsweihe, den Mauerring um die von ihm regierte Stadt auszubauen. Es war ein lohnendes Unterfangen: 926 gelang es Bischof Ulrich, einen Angriff der Ungarn auf seine zuvor wesentlich schwächer geschützte Stadt abzuwehren. Doch 955 wurde Augsburg erneut zum Angriffsziel der Ungarn. Dompropst Gerhard von Augsburg (ein langjähriger Vertrauter Bischof Ulrichs) schrieb in der von ihm in der Zeit zwischen 982 und 993 verfassten Ulrichsvita: „Im Jahre 955 nach Menschwerdung unseres Herrn Jesus Christus brach eine solche Menge Ungarn ein, wie sie kein lebender Mensch zuvor irgendwo gesehen hatte. Sie verwüstete das Bayernland vom Donaufluss bis zum Schwarzwald. Als sie den Lech überschritt und Alemannien besetzte, brannte sie die Kirche der heiligen Afra nieder, plünderte die ganze Provinz von der Donau bis zum Wald und verbrannte den größten Teil des Landes bis zum Fluss Iller." Am 8. und 9. August 955 schloss ein Heer der Ungarn auch die Bischofsstadt Augsburg ein.

Bischof Ulrich konnte seine Stadt verteidigen, bis das Heer der vereinten deutschen Stämme anrückte und es am 10. August 955 zur Schlacht auf dem Lechfeld kam, bei der die Ungarn vernichtend geschlagen wurden und die von ihnen ausgehende Gefahr für das so oft geplünderte Land gebannt war. Die Popularität Bischof Ulrichs beruht nicht zuletzt auf seinem Verdienst um die Verteidigung Augsburgs und damit um den Schutz des Landes zwischen der Alb und den Alpen vor den Raubzügen heidnischer Horden. Dadurch, dass Bischof Ulrich die Ungarn vor Augsburg aufhielt und wohl auch ihre Hauptmacht zersplittern half, trug er maßgeblich zum Sieg des Heers der deutschen Stämme unter König Otto I. „dem Großen" bei.

Hat der Bischof in der Ungarnschlacht gekämpft?

Bischof Ulrichs reale Rolle in der Schlacht auf dem Lechfeld fiel jedoch – ungeachtet aller Schlachtengemälde in süddeutschen Kirchen – wohl einer sehr bewusst gepflegten Legendenbildung um den im Jahr 993 Heiliggesprochenen zum Opfer. Sollte er – wie es in einem Deckenfresko in der Königsbrunner Pfarrkirche St. Ulrich dargestellt wird (und wie es die seit Längerem offiziell gepflegte Lesart ist) – tatsächlich hinter schützenden Mauern beziehungsweise im Dom um den Sieg gebetet haben, statt sich aktiv an der Verteidigung seiner Stadt zu beteiligen? Auch die „Deutsche Biographie", eine von renommierten Institutionen getragene Geschichts-Website, formuliert den Zweifel an dieser Annahme so zurückhaltend wie nur möglich. Zitat: „Gegen die anrückenden Ungarn verteidigte er 955 die Stadt Augsburg und ermöglichte so den Sieg Kg. Ottos I. am 10. Aug. in der Schlacht auf dem Lechfeld, angeblich ohne selbst aktiv beteiligt gewesen zu sein. U. erscheint hier in seinen Viten dem hagiographischen Topos gemäß jeweils als idealer Bischof ohne Gewaltanwendung."

Ein gewaltfreier Bischof, ein aus einer Adelssippe stammender Kirchen- und damit Landesfürst, zu dessen Kindheit mit Sicherheit schon früh die Übung im Umgang mit den Waffen gehört haben dürfte, entspricht aber vermutlich eher der Wunschvorstellung zivilisierterer Zeiten als der von brutaler Gewalt dominierten Lebensrealität des Mittelalters. Einen Anführer, der sich vor den anrückenden Feinden zum Gebet zurückgezogen hätte, hätte eine kämpfende Truppe wohl kaum akzeptiert. Er hätte jede Autorität verloren und wohl eine Massenpanik ausgelöst. Und auch sein Alter – Bischof Ulrich zählte 955 ja womöglich schon mehr als 60 Jahre – hätte ihn nicht vor der Beteiligung an den Kämpfen bewahrt. Denn unter den bei der Verteidigung

Auch am sogenannten Weberhaus, nur wenige Schritte vom Augsburger Rathaus entfernt, zeigt eine moderne Fassadenmalerei den heiligen Ulrich mit seinen Attributen Mitra und Bischofsstab sowie dem Fisch auf dem Evangelienbuch. An dieser Hausfassade erkennt man bei genauerem Hinsehen auch eine (schlecht erhaltene) Szene der Lechfeldschlacht.

Augsburgs gefallenen Rittern befand sich nicht nur sein Neffe Reginbald, sondern auch Ulrichs Bruder Dietpald. Der Letztere dürfte aber in etwa gleichaltrig gewesen sein.

Dass die Kirchenmänner des Mittelalters nicht zum Schwert gegriffen hätten, ist eine recht naive Vorstellung. Dies belegt auch das Ende des direkten Nachfolgers Ulrichs im Bischofsamt. 973 war Heinrich I., ein Verwandter der Bayernherzöge, nach diversen politischen Intrigen Augsburger Oberhirte geworden. 981 führte Bischof Heinrich selbst hundert Panzerreiter nach Süditalien, um im Heer Kaiser Ottos II. gegen die Sarazenen zu kämpfen. Nach der Schlacht bei Crotone von 982 war Heinrich unter den Toten. Werinhar, der Abt des Klosters Fulda, erlag auf dem Rückzug den Verletzungen, die er bei diesem Gemetzel erlitten hatte. Im Jahr 907 waren bei der Niederlage eines bayerischen Heers gegen die Ungarn bei Pressburg der Erzbischof von Salzburg, die Bischöfe von Freising und Säben und auch drei Äbte gefallen.

Es klingt also plausibel, wenn der Kirchenhistoriker Prof. Dr. Georg Kreuzer mit Blick auf die Rolle Ulrichs im Jahr 955 urteilte: „Entgegen der späteren Legendenbildung kämpfte er wohl durchaus auch selbst mit." St. Ulrich wird stets aus der Perspektive der jeweiligen Zeit interpretiert: Im Ulrichsjahr 1955 hob der bundesdeutsche Außenminister Dr. Heinrich von Brentano die Wehrhaftigkeit des Bischofs von Augsburg hervor. 1964 erhielt eine Kaserne auf dem Lechfeld sogar den Namen „Ulrich-Kaserne".

Legenden um den heiligen Ulrich basieren auf historischen Fakten: Im Fall des Fischwunders ist es der Konflikt zwischen dem Herzogtum Bayern und dem Augsburger Bischof.

Die Legenden um den heiligen Ulrich: wahre Wunder – und ihr wahrer Kern

In vielen Darstellungen Bischof Ulrichs in der Schlacht auf dem Lechfeld reicht ihm ein Engel das Siegeskreuz, das „Crux victorialis". Es ist nur eine der Legenden um den Heiligen mit realem Hintergrund. Die Schlacht ist unstrittig – auch wenn Ulrich wohl kaum mit der Mitra auf dem Kopf durch das Gemetzel geritten ist. Das sogenannte Ulrichskreuz hat er wohl anlässlich einer seiner Romreisen vom Papst erhalten. Neben dem Bischof in der Schlacht auf dem Lechfeld sind es drei Legenden, die des Öfteren in Kirchen zu sehen sind – das Fischwunder, die Ulrichsmesse und der unschuldig Enthauptete, den Ulrich zum Leben erweckt und dadurch rehabilitiert. Das Fischwunder erinnert an die Feindschaft zwischen dem Bischof und dem Herzogtum Bayern, die im Krieg mündete und 954 zur Plünderung Augsburgs führte. Die Ulrichsmesse, bei der dem altersschwachen Bischof Gottes Hand erscheint, bezieht sich wohl auf Ulrichs 972 gescheiterten Versuch, sich in ein Kloster zurückzuziehen und sein Amt an seinen Neffen zu übertragen. Die Legende, bei der Ulrich einem Enthaupteten das Leben zurückgibt und so dessen Unschuld beweist, basiert wohl auf der Hinrichtung des mit Ulrich verwandten, im Jahr 911 als Hochverräter geköpften Herzogs Burchard I.

Der heilige Ulrich in der Bischofsstadt Augsburg

Bischof Ulrich, den Heiligen mit dem Fisch, findet man in der Bischofsstadt Augsburg vielfach im Dom und in der Basilika St. Ulrich und Afra. Doch man stößt in der Stadt zwischen Lech und Wertach noch an etlichen anderen Orten auf Darstellungen des Bistums- und Stadtpatrons. Die Denkmäler und Kunstwerke, die den Heiligen zeigen, sind häufig kaum zu übersehen. Manche muss man jedoch durchaus suchen – wie etwa das Relief Bischof Ulrichs auf dem Grabmal des Adeligen Ulrich von Rechberg im Kreuzgang beim Dom.

Der Blick auf die Türme des Doms Mariä Heimsuchung und den gotischen Ostchor mit dem Marienportal: Zu Lebzeiten Bischof Ulrichs sah der romanisch-gotische Dom noch ganz anders aus.

Bischof Ulrich von Augsburg und der Augsburger Dom

Ein halbes Jahrhundert lang war Ulrich, der Sohn eines Grafen aus dem Geschlecht der Hupaldinger, der Bischof von Augsburg – von der Bischofsweihe im Jahr 923 bis zu seinem Tod im Jahr 973. Ulrichs Vita legt nahe, die Suche nach Augsburger Spuren des Heiligen im Dom zu beginnen, obwohl es in der Basilika St. Ulrich und Afra noch mehr zu Bischof Ulrich zu sehen gibt.

Bald nach seiner Bischofsweihe – im Jahr 923 wohl in Mainz – ließ Bischof Ulrich den damals noch romanischen Augsburger Dom (der vielleicht bei einem früheren Einfall der Ungarn zumindest teilweise zerstört worden war) instand setzen. In der Bischofskirche wirkte Ulrich bis zu seinem Tod im Jahr 973.

Am und hinter dem Nordportal der Bischofskirche stößt man auf St. Ulrich. Um 1343 entstand dort eine steinerne Skulptur des Bischofs: Es war wohl die früheste Darstellung des Bistumspatrons mit dem Fisch. Die stark abgewitterten Originalfiguren

Unter den Figuren am Nordportal entdeckt man St. Ulrich mit den Attributen Bischofsstab und Fisch. Die Figur ist eine Kopie: Das stark verwitterte Original sieht man im Inneren des Doms.

am Nordportal (Ulrichs Fisch war zum Beispiel gar nicht mehr vorhanden) hat man in das Innere des Doms – an eine Wand kurz hinter dem Portal – versetzt. Das Portal ist seit seiner umfassenden Restaurierung streng genommen eine moderne Kopie des einst weit kunstvoller ausgeführten gotischen Originals.

Seit 1955 erinnert der Ulrichsbrunnen im Dom an die Schlacht auf dem Lechfeld

Nur ein paar Schritte hinter dem Nordportal stößt man im Dom auf den im Jahr 1955 dort aufgestellten Ulrichsbrunnen. Dieser Brunnen in der Bischofskirche erinnerte insbesondere an Ulrichs Rolle in der Schlacht auf dem Lechfeld tausend Jahre zuvor, als er Augsburg gegen das Heer der Ungarn verteidigt hatte. Über dem Brunnenbecken aus Stein zeigt ein steinernes Wandrelief den Bischof, der auf einem Fisch – seinem Attribut sowie dem Bild für das Wasser – steht. Ulrichs hoch erhobene rechte Hand hält das Siegeskreuz, seine Linke den Bischofsstab.

Den Heiligen und seine Attribute, den Bischofsstab und den Fisch auf dem Evangelienbuch, sieht man auch vor dem Ostchor

St. Ulrich auf einem Epitaph von 1601 im Domkreuzgang. Seit dem Ulrichsjahr von 1955 erinnert ein Brunnen im Dom an die Rolle des Bischofs in der Schlacht auf dem Lechfeld. Früher soll ein Brunnen an der Außenwand Trinkwasser gespendet haben.

der Augsburger Bischofskirche. Die geschnitzte, farbig gefasste Figur stammt aus der Zeit um 1330/60. Ein in den 1980ern modelliertes Relief des Heiligen schmückt im Dom die Kanzel.

Anderes, das im Dom an Ulrich erinnert, ist schwerer zu finden. St. Ulrich und Afra sollen (kaum zu erkennen) das abgewitterte Grabdenkmal Bischof Friedrichs von Hohenzollern von 1501 in der Gertrudkapelle im Chorkranz zieren. Und im Domkreuzgang stößt man zweimal auf den Heiligen: Im Westflügel entdeckt man St. Ulrich und St. Katharina im Flachrelief eines Grabmals von 1501 für Ulrich von Rechberg und dessen Familie. Beinahe am nördlichen Ende der dortigen Westwand sieht man St. Ulrich (am Fisch leicht zu erkennen) neben der Madonna mit dem Kind und dem heiligen Georg auf einem Sandstein-Epitaph von 1601.

Das Grabmal Bischof Ulrichs aber hat man in der Ulrichsbasilika am südlichen Ende der Altstadt zu suchen. Zwar wurde der Dom, der um 994 eingestürzt war, nach dem Wiederaufbau am Ende des 10. Jahrhunderts zur Grablege der Bischöfe. Doch die heiliggesprochenen Bischöfe Simpert (807 verstorben) und Ulrich er-

Bischof Ulrich samt Siegeskreuz hoch zu Ross: Auch die Plastik am Dombrunnen erinnert an die Schlacht auf dem Lechfeld.

hielten ihre Grabstätten noch in der Kirche St. Afra (seit 1012 Benediktinerklosterkirche St. Ulrich und Afra). Die während der Schlacht auf dem Lechfeld zerstörte Afrakirche hatte Bischof

Grundmauern der um 960 unter Bischof Ulrich errichteten Dompfarrkirche St. Johannes der Täufer: Sie wurde 1806 abgetragen, um einen Paradeplatz für das bayerische Militär zu schaffen.

Die Stifterfigur der Kaiserin Adelheid am Nordportal des Doms hält ein Baumodell der Bischofskirche, die in dieser Form einige Jahrzehnte nach Ulrichs Tod errichtet wurde.

Zu Lebzeiten von Bischof Ulrich lag der Chor an der Westseite des Doms

Wie der Augsburger Dom zu Lebzeiten Bischof Ulrichs ausgesehen haben könnte, vermittelt ein Landschaftsdiorama in einem Informationspavillon in der Augsburger Nachbarstadt Königsbrunn: Der unter Simpert (Bischof von 778 bis 807) erbaute karolingische Dom bestand aus dem Langhaus, zwei Seitenschiffen sowie zwei nicht allzu hohen massigen Türmen, die jeweils ein Zeltdach deckte. Dass der Chor der Bischofskirche ursprünglich nach Westen hin ausgerichtet war, lässt bis heute ein steinerner Bischofsstuhl im romanischen Teil des Doms erkennen. Erst seit dem 15. Jahrhundert wird der romanisch-gotische Dom optisch vom weiß verputzten, viel höheren Ostchor mit zwei figurenreichen Portalen dominiert. Die frühere Bischofskirche war um 994 eingestürzt. Kaiserin Adelheid soll den Wiederaufbau sehr stark gefördert haben. Die 1097 heiliggesprochene Gemahlin Kaiser Ottos I. „des Großen" wird von einer Figur am Nordportal mit dem Baumodell des Doms auf der linken Hand verkörpert. Adelheid war mit Bischof Ulrich von Augsburg weitläufig verwandt.

Im Diözesanmuseum St. Afra, das an der Kornhausgasse direkt an die Nordseite des Doms angrenzt, stellen etliche Exponate Bischof Ulrich dar. Den Augsburger Bistumspatron sieht man dort unter anderem als gotische Schnitzfigur.

Ulrich wiederaufbauen lassen, und dort ließ er sich bestatten. Zuvor war sein Leichnam tagelang im Dom aufgebahrt gewesen.

St. Ulrich am Dombrunnen und im Museum

Am 1986 aufgestellten modernen Dombrunnen auf dem Domplatz stellt eine große bronzene Figurengruppe die Augsburger Bistumspatrone dar: Bischof Ulrich, die Märtyrerin Afra sowie den Bischof und Wolfsheiligen Simpert. Durch die Reiterfigur des Bischofs Ulrich, der hoch zu Ross und mit dem Siegeskreuz in seiner Rechten modelliert wurde, erinnert auch der Brunnen vor der Südfassade des Doms an die Schlacht auf dem Lechfeld. Das Wasser strömt aus zwei bronzenen Wasserspeiern in Form von Fischköpfen ins steinerne Becken – wohl ein Hinweis auf den Brunnenheiligen Ulrich. Der Münchener Bildhauer Josef Henselmann hat die Figurengruppe am Dombrunnen geschaffen. Am südlichen Rand des Domvorplatzes liegen mittelalterliche Mauerreste: Es sind die Relikte der Kirche St. Johannes der Täufer, die 960 unter Bischof Ulrich als Dompfarrkirche erbaut worden war. Die Johanneskirche wurde abgebrochen, als das königlich-bayerische Militär an dieser Stelle 1806 einen Paradeplatz plante.

Das Diözesanmuseum St. Afra (Kornhausgasse) grenzt baulich direkt an die Bischofskirche und an den Domkreuzgang an. Die Ulrichskapelle des Doms hat man in das Museum integriert. Ein archäologisches Fenster zeigt Mauerreste des karolingischen Doms und des ehemaligen Domklosters. Den Heiligen sieht man im Museum geschnitzt, gemalt und (auf einem Wandteppich) gewebt. Zu den kostbarsten Exponaten zählen ein Ulrichsreliquiar und zwei Gewänder des Augsburger Bischofs.

Bronzene Fischköpfe dienen am Augsburger Dombrunnen als Wasserspeier. Der Fisch ist ein Attribut des heiligen Ulrich – und ein (lange Zeit nicht verstandenes) Bild für das Wasser.

Bischof Ulrich: Brunnenheiliger und Schutzpatron bei Wassergefahren

Die Lage der Bischofsstadt Augsburg zwischen den bei den fast alljährlichen Frühjahrshochwassern oft reißenden und damit zerstörerischen Gebirgsflüssen Lech und Wertach hat die Lebensrealität in der mittelalterlichen Stadt maßgeblich mitgeprägt. Diese Gewässer bedeuteten als stete Hindernisse, auch für Fuhrleute und Berittene, mitunter sogar eine Gefahr für Leib und Leben. In Legenden um den heiliggesprochenen Augsburger Bischof Ulrich spiegelt sich jedoch auch die hohe Wertschätzung von reinem Trinkwasser wider.

Es ist wohl kaum Zufall, dass ausgerechnet in dem von zwei Flüssen umklammerten Augsburg ein Bischof mit Legenden um Wassergefahren, um Furten und Brunnen in Verbindung gebracht wurde. Die im 14. Jahrhundert aufkommenden Legenden um diesen Wasserpatron verweisen auch auf einen Teil der Aufgabenstellungen, welche die Bischofsstadt Augsburg (ab dem 14./15. Jahrhundert dann als Reichsstadt) zu bewältigen hatte. Die Versorgung mit Trinkwasser und die Bändigung des Wassers – die Nutzung der Wasserkraft und die Abwendung der ständig wiederkehrenden Hochwassergefahren – prägten das Stadtbild und die hiesige Wirtschaft.

Das im 12. Jahrhundert entstandene sogenannte Hirsauer Passional bildet ein Wasserwunder aus der Ulrichslegende ab. Bischof Ulrich reitet durch eine Furt der Wertach, ohne – anders als sein Begleiter – dabei durchnässt zu werden.

1955, im Gedenkjahr zur Schlacht auf dem Lechfeld exakt 1000 Jahre zuvor, wurde an der Turmwand beim Nordportal im Inneren des Augsburger Doms ein St.-Ulrichs-Brunnen aufgestellt. Die steinerne Reliefplatte über dem steinernen Brunnenbecken zeigt den Bischof, der dort auf einem Fisch steht. Ein Vorgänger dieses modernen Brunnens war wohl ein öffentlicher Röhrbrunnen, der jahrhundertelang vor der Ostwand der Sakristei gestanden haben soll.

Der Fisch ist neben dem Bischofsstab, dem Evangelienbuch und einem Pferd – seltener auch einer Ratte – eines der Attribute des heiligen Ulrich. Der Fisch wurde später als das Motiv eines Fischwunders (um-)interpretiert. Ihm wurde auch karitative Bedeutung zugestanden, er wurde außerdem als ein Zeichen des Maßhaltens gesehen. Die ursprüngliche Bedeutung des Fisches war aber wohl die eines Bildes für das Wasser: Denn der heilige Ulrich gilt landläufig nicht nur als Brunnenheiliger und als Patron der Fischer und Fischhändler, sondern auch als ein Schutzpatron bei Wassergefahren. Auch weil Ulrich seine Wirkmacht mehrfach an reißenden Wassern erwiesen haben soll, wurde er seit der Zeit um das Jahr 1400 in der Regel mit seinem Fisch dargestellt.

Zu den Legenden um den Augsburger Bischof zählt auch ein Wasserwunder am Rhein: Der Augsburger Bischof soll den großen Strom trockenen Fußes überquert haben. Um Ulrich rankt sich zudem die Legende eines Wasserwunders auf der Donau bei Regensburg. Und auch den hochwasserführenden Fluss Taro in Norditalien (ein Nebenfluss des Po) soll Bischof Ulrich gefahrlos überschritten haben.

Ein Wasserwunder an der Wertach

Darüber hinaus erzählt die zweiteilige „Vita Sancti Uodalrici" des Dompropstes Gerhard von Augsburg von einem Wasserwunder an der Wertach, wo der Bischof eine Furt durchritten haben soll, ohne – anders als sein Begleiter – auch nur im Geringsten nass geworden zu sein. Bildlich dargestellt ist diese Legende der Durchquerung der Wertach durch Bischof Ulrich in einer im 12. Jahrhundert im Benediktinerkloster Hirsau geschaffenen Buchmalerei, dem sogenannten Hirsauer Passional. Nach seinem Tod soll Bischof Ulrich als Wasserpatron an Gewässern bei Augsburg Wunder bewirkt haben. Ein von der Wertach mitgerissenes Kind soll anderntags wohlbehalten am Ufer des Flusses aufgefunden worden sein, weil seine Mutter den Heiligen um Hilfe angerufen hatte.

Ulrichs Nachfolger Heinrich habe im Jahr 978 bei St. Afra (heute ein Stadtteil von Friedberg) eine Brücke über den Lech bauen lassen. Dort sollen dann, angeblich aus Ehrfurcht vor dem verstorbenen Bischof Ulrich, weder ein Brückenzoll noch andere Abgaben verlangt worden sein.

Ein Mirakel ereignete sich der Legende nach auch westlich von Augsburg an der Schmutter, wo ein Blinder den Schutzheiligen Ulrich anrief: Er sei dadurch sehend und vor dem Ertrinken bewahrt worden. Es ist also wohl kein Zufall, dass Bischof Ulrich in diesem Dorf am Flüsschen Schmutter, im wenige Kilometer von Augsburg entfernten Dorf Hainhofen (heute ein Stadtteil von Neusäß), in einem Fresko am Rand des sogenannten Hainhofer Passionszyklus in der Kirche St. Stephan mit einem Fisch in der Hand abgebildet wurde.

Die Bedeutung des Fisches als Attribut des Heiligen wurde wohl schon bis zur Mitte des 15. Jahrhunderts durch eine fromme Legende überlagert, die seither das wesentlich bekanntere Verwandlungswunder (ein Gänsebein wird zum Fisch) thematisiert. Unabhängig von jeder Deutung wurde der Heilige jahrhundertelang in verschiedensten Techniken mit seinem Fisch abgebildet. Altargemälde und Fresken, Holz-, Stein- und Bronzeskulpturen, Glasfenster, sogar ein Gewölbeschlussstein, aber auch Buchmalereien, Stiche und Drucke zeigen Ulrich mit seinem markanten Attribut. Mit dem Fisch in der linken Hand malte ihn 1518 zum Beispiel der Augsburger Hans Burgkmair d.Ä. 1516 bildete ein Holzstich des Augsburger Malers, Zeichners und Holzschneiders Leonhard Beck den Bistums- und Stadtpatron mit dem Fisch auf dem Evangelienbuch ab. Auch am im Stil der Renaissance gestalteten Rahmen dieser Darstellung sind zwei Fische (oder auch Delfine) zu erkennen.

St. Ulrichs Fisch sieht man heute auch am Dombrunnen, der im Rahmen der Umgestaltung des Domvorplatzes anlässlich der 2000-Jahr-Feier der Stadt Augsburg im Jahr 1985 aufgestellt wurde. Über dem steinernen Brunnenbecken erheben sich die Bistumspatrone St. Ulrich, St. Afra und St. Simpert jeweils als lebensgroße Bronzefiguren. Zwei bronzene Fischköpfe dienen als Wasserspeier. In St. Ulrich und Afra ist der . heilige Ulrich auf der Rückwand des Ulrichsaltars mit dem Fisch in der Linken dargestellt. Auch an der Westwand der Basilika findet man eine geschnitzte, farbig gefasste Figur des Wasserpatrons mit dem Fisch auf dem Evangelienbuch.

Die Bedeutung des Augsburger Bischofs geht aber über die des Schutzpatrons bei Wassergefahren hinaus. Der Historiker Adolf Layer hat in Süddeutschland und Österreich zum Beispiel ungefähr 50 Ulrichsbrunnen ausfindig gemacht, deren Wasser in der Vergangenheit teilweise heilende Wirkung bei Augenleiden zugeschrieben wurde. Diese Form der Ulrichsverehrung reichte bis an die Grenze des österreichischen Weinviertels zu Ungarn. Auch dort schrieb der Volksglaube Ulrich die Fähigkeit zu, die dämonischen Kräfte des Wassers in eine segensreiche Wirkung umzukehren. Der heilige Ulrich sollte nicht bloß Hochwasser abwenden, sondern sogar ungesundes in heilkräftiges Wasser verwandeln können.

Ein Ulrichsbrunnen stand auch auf dem Augsburger Fischmarkt, dem Platz zwischen St. Peter am Perlach und dem gotischen Vorgängerbau des bis zum Jahr 1620 errichteten Renaissancerathauses. 1537 ließ der Rat der seinerzeit mehrheitlich protestantischen Stadt eine – seit 1511 vergoldete – Brunnenfigur des heiligen Ulrich durch eine konfessionell neutrale Figur der antiken Wassergottheit Neptun ersetzen.

Heute erinnert nicht nur der Ulrichsbrunnen im Dom an die diversen Bedeutungen des Augsburger Wasserpatrons. Auch die Stadt Augsburg hat eine mit dem Lech verbundene Infrastruktureinrichtung mit dem heiligen Ulrich verknüpft: Seit dem Jahr 1995 trägt eine Brücke zwischen der Altstadt und dem Stadtteil Lechhausen offiziell den Namen „Ulrichsbrücke".

Über dem Becken des Ulrichsbrunnens im Augsburger Dom steht der durch ein steinernes Relief dargestellte Bischof Ulrich mit beiden Füßen auf einem Fisch.

Eine Wandmalerei im Neusäßer Stadtteil Hainhofen zeigt den heiligen Ulrich bartlos. Die Skulptur am Nordportal des Augsburger Doms verkörpert ihn dagegen mit Bart. Was den Bartwuchs betrifft, waren sich die Künstler, die sich in ihren Werken mit St. Ulrich auseinandersetzten, überaus uneinig.

Mal mit, mal ohne Bart: allein der Fisch ist Ulrichs verlässliches Kennzeichen

Wie Ulrich aussah? Niemand weiß es, entsprechend unterschiedlich vermittelt ihn die Kunst. Fresken in einer romanischen Chorturmkirche – heute der Unterbau des Kirchturms von St. Stephan in Hainhofen (Stadt Neusäß) – überliefern eine der ältesten gemalten Abbildungen Ulrichs. Der Meister der spätgotischen Fresken des „Hainhofer Passionszyklus" malte St. Ulrich um 1400 bartlos, aber mit Fisch. Das dortige Motiv entstand wohl nach der Vorgabe eines Musterbuches, eine zu dieser Zeit offenbar gängige Praxis.

Der bärtige Bischof am Augsburger Domportal

Die 1343 in Stein gehauene Ulrichsfigur am Nordportal des Augsburger Doms gilt als wohl älteste figürliche Darstellung Ulrichs: Hier trägt er Bart. Schon vor 1150 war das „Hirsauer Passional" entstanden, das St. Ulrichs Wasserwunder an der Wertach zeigt. Der Schöpfer dieser Buchmalerei wählte dabei den Mittelweg: Er zeigte den Heiligen mit kurz geschorenem Bart. Wer nach Darstellungen des heiligen Ulrich durch die bildende Kunst sucht, hält sich also besser an seinen Fisch.

Der Turm der Klosterkirche St. Stephan überragt den Stephansplatz. Das Kloster ließ Bischof Ulrich dort gründen, wo im Jahr 955 sein Bruder Dietpald I. im Kampf gegen die Ungarn starb.

Auch St. Stephan erinnert an die Schlacht auf dem Lechfeld

Das Kloster St. Stephan wurde an der Stelle gegründet, wo Graf Dietpald – Bischof Ulrichs Bruder – im Jahr 955 bei der Verteidigung Augsburgs gegen die Ungarn starb.

Im Jahr 969 gründete Bischof Ulrich das damals noch vor der Augsburger Stadtmauer gelegene Kanonissenstift St. Stephan. Das Kloster entstand also dort, wo Ulrichs Bruder Dietpald im Jahr 955 bei der Verteidigung der Bischofsstadt während der Schlacht auf dem Lechfeld getötet worden sein soll. Dietpald I. hatte die Besitzungen der Grafen von Dillingen an der Donau und auf der Alb geerbt und wohl die erste Dillinger Burg erbaut.

In Gebäuden des säkularisierten Stiftes St. Stephan hatte König Ludwig I. von Bayern im Jahr 1828 eine katholische Studienanstalt gegründet: Sie war der Ursprung des heutigen, noch bis 2000 von Benediktinern geleiteten Gymnasiums. Der historische Klosterkomplex war 1944 zerstört worden. Danach hat man die Stifts- und Studienkirche St. Stephan modern wiederaufgebaut.

In den 1930er Jahren entstand dieses Gemälde der Lechfeldschlacht für den Großen Festsaal des Offizierskasinos dreier Kasernen in Augsburg-Pfersee (im heutigen Sheridanpark).

Die Schlacht auf dem Lechfeld: eine Schlacht ohne Schlachtfeld?

Über die Folgen der Schlacht auf dem Lechfeld sind sich die Historiker einig: Die Magyaren wurden nach ihrer Niederlage bei Augsburg von 955 sesshaft, Ungarn wurde Teil des christlichen Europa. Damit endeten die Jahrzehnte der Raubzüge jener Reiterhorden, welche die Bevölkerung in Altbayern und Schwaben in Angst und Schrecken versetzt sowie zum Bau vieler Ungarnfliehburgen beiderseits des Lechs geführt hatten. Dass die Bischofsstadt Augsburg von Ulrich nicht nur einmal gegen die Ungarn verteidigt werden musste, scheint ebenso gesichert zu sein wie Berichte darüber, dass die Ungarn im Jahr 955 gegen Augsburgs schwache Mauern anstürmten. Die „Vita Sancti Uodalrici" des Augsburger Dompropstes Gerhard gilt dafür als seriöse Quelle. Wo aber das Haupttreffen der Schlacht auf dem Lechfeld stattfand und ob es überhaupt ein solches gab, ist strittig: Der Begriff „Lechfeld" wurde früher weiter gefasst als heute. Historische Karten zeigen südlich und nördlich von Augsburg ein bayerisches und ein schwäbisches Lechfeld. Zudem gibt es bislang keine archäologischen Belege für ein zentrales Schlachtfeld. Die Schlacht war also vielleicht nur eine Abfolge von Scharmützeln und Überfällen zwischen dem Donautal und dem Lechtal um Augsburg.

Für einen Altar im ehemaligen Augsburger Katharinenkloster schuf Hans Holbein d.Ä. das Motiv des Fischwunders aus der Ulrichslegende. Dieses Meisterwerk gotischer Malerei ist in der profanierten Klosterkirche St. Katharina zu sehen.

Ulrichs Fischwunder auf einem Altargemälde Hans Holbeins d.Ä.

Augsburgs künstlerisch bedeutendste Darstellung des Fischwunders der Ulrichslegende ist nahe der Basilika St. Ulrich und Afra in der „Staatsgalerie in der Katharinenkirche Augsburg" zu sehen. Hans Holbein d.Ä. hat dieses Gemälde 1512 für einen Altar geschaffen.

Im Schaezlerpalais (Maximilianstraße 46) stellen die Kunstsammlungen und Museen Augsburg barocke Gemälde aus. Nur über diesen im Stil des Rokokos errichteten Stadtpalast gelangt man in die direkt daran angrenzende gotische Kirche St. Katharina. Dort zeigt die „Staatsgalerie in der Katharinenkirche Augsburg" gotische Sakralmalerei, darunter Altarblätter von Hans Holbein d.Ä., Hans Burgkmair d.Ä. und Jörg Breu d.Ä. Diese Gemäldesammlung wird in der bis 1503 errichteten Kirche des 1802 aufgehobenen Dominikanerinnenklosters St. Katharina präsentiert. Das Katharinenkloster hatte einst bevorzugt Töchter patrizischer oder reicher Augsburger Familien aufgenommen, darunter auch

Auf seinem Gemälde der Fischlegende hielt Hans Holbein d.Ä. mit einer im Hintergrund des Hauptmotivs klein abgebildeten Personengruppe den Moment fest, in dem sich das von Bischof Ulrich mitgegebene Stück Gänsebraten in den Fisch verwandelt.

der Familien Welser und Fugger. Seit dem Jahr 1835 dient die sehenswerte spätgotische Klosterkirche als Gemäldegalerie.

In der dortigen Ausstellung schwäbischer Meister der gotischen Malerei sieht man auch die Altartafel eines Katharinenaltars, die Hans Holbein d.Ä. 1512 geschaffen hat. Er hielt jene Szene der Ulrichslegende fest, in der ein Bote des bayerischen Herzogs den Bischöfen von Augsburg und Konstanz, Ulrich und Konrad, einen Brief überreicht. Der goldene Heiligenschein der Bischöfe deutet ihre spätere Heiligsprechung an. Meister Holbein hat in seinem Werk gleich zwei Bistumspatrone – Bischof Ulrich von Augsburg und Bischof Konrad von Konstanz – abgebildet.

Weltberühmt wurde der Name Holbein durch seinen 1497 oder 1498 wohl in Augsburg geborenen Sohn: Hans Holbein d.J. wurde 1536 der Hofmaler des Königs von England. Er schuf das Porträt König Heinrichs VIII., der England von der römisch-katholischen Kirche lossagte und die anglikanische Kirche begründete. Auch den auf Betreiben Heinrichs VIII. hingerichteten, 1935 heiliggesprochenen Lordkanzler Thomas Morus hat Holbein porträtiert.

Ulrichspatrozinium mal zwei: Die kleine evangelische Kirche St. Ulrich steht vor der weitaus größeren katholischen Basilika St. Ulrich und Afra – beide am 1955 so benannten Ulrichsplatz.

Die Basilika St. Ulrich und Afra: nirgendwo erinnert mehr an Ulrich

Die katholische Basilika St. Ulrich und Afra ist sicher ein Kulminationspunkt der Ulrichsverehrung im Bistum Augsburg. Nirgendwo sonst stellen so viele Kunstwerke Bischof Ulrich dar. Die Afrakirche wählte er als seine Grabstätte, nachdem er die damals noch kleine Kirche nach der Ungarnschlacht wieder hatte aufbauen lassen. Dort entstand ab 1474 die spätgotische Benediktinerklosterkirche. Dort entstand im konfessionellen Zeitalter aus einem Predigthaus die evangelische Kirche St. Ulrich. Diese Doppelkirchenanlage – auch optisch das Zentrum des Ulrichsviertels – steht seit 1955 am damals so benannten Ulrichsplatz. Mehr Ulrich geht fast nicht.

Die damals noch vor den Stadtmauern von Augsburg gelegene Afrakirche wurde im Jahr 955 von den Ungarn zerstört. Bischof Ulrich ließ diese Kirche aufs Neue aufbauen: Das Patrozinium St. Ulrich und Afra erhielt die ehemalige Stiftskirche 20 Jahre nach der Heiligsprechung Ulrichs im Jahr 993. Die Kirche wurde

In der Unterkirche der Basilika St. Ulrich und Afra findet man die Grabkapelle des Augsburger Bistumspatrons. Die marmorne Liegefigur hat Placidus Verhelst bis 1765 geschaffen.

der spirituelle Mittelpunkt des 1012 gegründeten Benediktinerklosters, das 1643/44 zur Reichsabtei aufstieg. 1802 wurde diese Abtei säkularisiert. 1807 wurde das altehrwürdige Kloster zur bayerischen Kavalleriekaserne – nur eine, wenn auch eine der größeren Schandtaten unter den nicht eben seltenen Missgriffen des jungen Königreichs Bayern im gewachsenen Gefüge auch und gerade des heutigen bayerischen Schwaben. In der „Augsburger Bombennacht" im Februar 1944 wurde die Ulrichkaserne teilweise zerstört. Letzte Relikte der Konventsgebäude wurden bis 1971 abgebrochen. An ihrer Stelle hat man ab 1975 das Tagungshaus und Stadthotel Sankt Ulrich errichtet.

Die Basilika St. Ulrich und Afra ist der nach dem Dom zweitgrößte Sakralbau Augsburgs sowie als Grabkirche der Bistumspatrone St. Ulrich, St. Afra und St. Simpert ein Wallfahrtsziel. Seit 1937 trägt die Kirche den Ehrentitel einer päpstlichen Basilika.

Die Gebeine Ulrichs wurden hier 1764 in der barocken Tumba in einer ebenfalls barocken Grabkapelle bestattet. Seit 1962 sieht man sein Hochgrab in der erst bis dahin entstandenen Unter-

Der Blick auf den Chor von St. Ulrich und Afra. Beim Chorbogen stehen zwei hohe barocke Altäre – der Ulrichsaltar (südlich, auf dem Foto rechts) und der Afraaltar.

kirche der Basilika, wo die Grufträume der Bistumspatrone Ulrich und Afra untergebracht wurden.

Das marmorne Hochgrab Bischof Ulrichs ist ein Werk des Augsburger Bildhauers Placidus Verhelst. Die Deckplatte aus Marmor stellt Bischof Ulrich als Liegefigur dar. Angefertigt wurde das barocke Grabmal nach 1762: Die Gebeine St. Ulrichs wurden gehoben und auch untersucht, nachdem Zweifel am Ort ihrer Bestattung aufgekommen waren. Man hatte sie in der Krypta vermutet, dann aber unter der Mensa des Ulrichsaltars gefunden. Danach wurden Ulrichs sterbliche Überreste 1764 im bis dahin fertiggestellten Marmorhochgrab bestattet.

Im Jahr 1962 wurden die Gebeine der beiden Bistumspatrone St. Ulrich und Afra in die damals neu geschaffene Unterkirche der Basilika übertragen. In einer offenen Grabkammer sieht man dort hinter einem schützenden Gitter die barocke Tumba des Heiligen. Verhelst hatte auch die Ausstattung der Gruftkapelle für St. Ulrich entworfen. Diese Kapelle hat man beim Einbau in die Unterkirche um 90 Grad gedreht. Ursprünglich hatten sich nicht nur Ulrichs Gebeine, sondern auch die der heiligen Afra

Bischof Ulrich und König Otto I. in der Schlacht auf dem Lechfeld – diese Malerei ziert das Antependium des Ulrichsaltars.

unter einem der bis 1607 errichteten hohen Seitenaltäre der Basilika befunden. Der nördliche dieser Altäre ist der Afraaltar (auch: Pfingstaltar), der südliche der Ulrichsaltar (auch: Oster-

In der Nische der Predella des Ulrichsaltars erinnert eine Gruppe von Schnitzfiguren an die durch die Heiligenlegende überlieferte Ulrichsmesse: Zwei Engel und ein Diakon stützen Bischof Ulrich.

Die Rückwand der Predella des Ulrichsaltars hat man mit Ganzkörperporträts der Heiligen Ulrich und Dionysius bemalt.

altar). In einer tiefen Nische im Ulrichsaltar sieht man den Bischof als farbig gefasste Schnitzfigur in einer Gruppe von Engeln und Diakonen: Diese Szenerie stellt die Ulrichsmesse aus der Heiligenlegende dar. Ebenfalls an der Vorderseite des Altars

Ein Tafelbild des „Ulrichsmeisters" im Langhaus der Basilika zeigt ein Motiv aus der Ulrichslegende – die Ulrichsmesse.

Ein spätmittelalterliches Tafelbild in St. Ulrich und Afra stellt das Fischwunder aus der Ulrichslegende dar.

Der „Ulrichsmeister" malte die Szenen der Heiligenlegende in der Basilika

Dass St. Ulrich mit dem Attribut eines Fisches gezeigt wurde, hing ursprünglich wohl mit seiner Rolle als Wasserpatron zusammen. Als sich spätere Generationen das Symbol nicht mehr erklären konnten, kam die Legende des Fischwunders auf. Ein Tafelbild des sogenannten Ulrichsmeisters in der Basilika St. Ulrich und Afra zeigt Szenen des Fischwunders. Der Legende nach hatte sich Bischof Ulrich spätnachts, und dabei bis in die ersten Stunden des Freitags, mit dem Bischof von Konstanz beraten. Am frühen Freitagmorgen überbrachte ein Bote des mit Ulrich verfeindeten Bayernherzogs Arnulf I. dem Augsburger Bischof einen Brief. Ulrich gab diesem Boten ein Gänsebein, den Rest seines Nachtessens, als Wegzehrung mit. Der Bote habe das Fleisch dem Bayernherzog gebracht, damit dieser Bischof Ulrich als Fastenbrecher anklagen könne. Als Arnulf das Gänsefleisch auspackte, verwandelte es sich in einen Fisch. Eine Legende mit realem Kern: Der Bayernherzog hatte 953 erst Augsburg verwüstet, dann belagerte er Ulrich in dessen Burg in Schwabmünchen. Im Februar 954 wurden Arnulfs Truppen dort von Ulrichs Bruder Dietpald vertrieben.

Ein Wandfresko in der Simpertkapelle von St. Ulrich und Afra lässt die Heiligen Ulrich und Simpert jeweils auf einer Wolke hoch über dem Gemetzel der Schlacht auf dem Lechfeld sitzen. Die Silhouette Augsburgs im Hintergrund der Schlacht zeigt (wie so oft auch anderswo) das Stadtbild in der Zeit ab 1620.

(am sogenannten Antependium) wird Bischof Ulrich durch eine Malerei in der Schlacht auf dem Lechfeld dargestellt. Neben ihm reitet König Otto I. „der Große" über das Schlachtfeld. Ganzkörperporträts der beiden Heiligen Ulrich und Dionysius entdeckt man auf der Rückseite des Ulrichsaltars.

Der „Meister der Ulrichslegende" schuf das Bild der Ulrichsmesse in der Basilika

In der von Spätgotik und der Renaissance geprägten Basilika St. Ulrich und Afra haben Bildhauer und Maler den heiligen Ulrich immer wieder dargestellt. Ein unbekannter Maler, der – als Notbehelf – der „Ulrichsmeister", alternativ auch „Meister der Ulrichslegende" genannt wird, hat im dritten Viertel des 15. Jahrhunderts zwei langrechteckige Tafelbilder gemalt, die an der Nordwand des Langhauses der Basilika hängen. Diese Gemälde zeigen Motive aus der Ulrichslegende – die heilige Afra erscheint Ulrich im Traum, das Fischwunder des heiligen Ulrich und die Ulrichsmesse. Die letztere Legende erzählt davon,

In der Simpertkapelle stellt ein 1737 gemaltes Werk Bischof Ulrich als Nothelfer der Kranken dar. Auf einem von den beiden Münchener Hofmalern Christoph Schwarz und Peter Candid geschaffenen Bild in der Georgskapelle eines Grafen Fugger knien die Bistumspatrone St. Ulrich und Afra zu Füßen der Madonna.

dass dem durch Krankheit und Alter geschwächten Ulrich ein Jahr vor seinem Tod zwei Engel mit Kelch und Patene erschienen, damit er die Messe halten konnte. Bei der Kelcherhebung habe er – anders als zwei neben ihm kniende Diakone – die segnende Hand Gottes wahrgenommen. Das Motiv der Ulrichsmesse haben etliche Maler bei der Ausstattung von Ulrichskirchen – insbesondere auf Altarblättern – übernommen.

Ulrich sieht man auch in der Simpertkapelle – und in der Grabkapelle eines reichen Fugger

An beiden Seiten des Langhauses von St. Ulrich und Afra liegen insgesamt fünf Grablegen der Grafen Fugger. Sie ließen sich bevorzugt in der Benediktinerklosterkirche bestatten, als die von Jakob Fugger „dem Reichen" 1521 gestiftete Fuggerkapelle in der Kirche St. Anna nicht mehr infrage kam, weil dort evangelische Gottesdiente gefeiert wurden. Zwischen der Andreaskapelle und der Benediktuskapelle liegt im südlichen Seitenschiff die Grabkapelle des Bistumspatrons und Wolfsheiligen St. Simpert.

Ein mit Gold und Edelsteinen prunkvoll verziertes Reliquiar – das Ostensorium des Ulrichskreuzes – birgt die bedeutendste Reliquie im Bistum Augsburg, das „Crux victorialis".

In der Heiltumskammer – Ulrichserde gegen Ratten, Gold für das Ulrichskreuz

In der Heiltumskammer in der Basilika St. Ulrich und Afra wird der mittelalterliche Reliquienschatz des säkularisierten Benediktinerklosters aufbewahrt und ausgestellt. All diese Reliquien sind nur im Rahmen von Führungen zu besichtigen. Sie sind auch durch ein Fenster in der Eingangstür zur Heiltumskammer zu sehen. Vorgezeigt wird hier die wertvollste Reliquie des Bistums Augsburg – das Ulrichskreuz, das „Crux victorialis". Das Siegeskreuz soll Bischof Ulrich in der Schlacht auf dem Lechfeld als Brustkreuz getragen haben. Das einer Legende nach aus drei kleinen Partikeln aus dem Kreuz Christi bestehende Kruzifix hat Ulrich womöglich bei einer seiner Romreisen vom Papst erhalten. Aufbewahrt wird es in einem kreuzförmigen Reliquiar, einer Silberschmiedearbeit aus der Zeit um 1320. Dieses Reliquienostensorium wurde 1494 mit Gold und Edelsteinen verziert. Auch ein Ulrichskelch sowie ein Messgewand des Bischofs aus byzantinischer Seide sind in Vitrinen zu sehen. Säckchen mit Ulrichserde erinnern daran, dass Erde von Ulrichs Grab Ratten und Mäuse vertreiben sollte.

Im Stil des späten Rokokos entstand in der Zeit um das Jahr 1800 eine hölzerne Skulptur an der Westwand der Basilika St. Ulrich und Afra. Auf diese Ulrichsfigur stößt man nach wenigen Schritten hinter dem nördlichen Portal der Kirche.

Die Simpertkapelle befindet sich hinter einer Arkadenwand, die auch die Fugger'sche Andreaskapelle umgibt und auf der von Hubert Gerhard und Carlo Pallago modellierte Terrakottafiguren Christus und die zwölf Apostel verkörpern. In der Simpertkapelle zeigt eine Wandmalerei die Lechfeldschlacht vor der Stadtsilhouette von Augsburg. Auf diesem Wandbild betrachten die Heiligen Ulrich und Simpert jeweils von einer Wolke am Himmel hoch über dem Getümmel das blutige Hauen und Stechen.
In der Simpertkapelle bildet zudem ein barockes Altargemälde von 1737 den „himmlischen Ulrich" als Helfer der Kranken ab: Der Augsburger Meister Christoph Thomas Scheffler hat dieses Werk geschaffen. Scheffler gilt als einer der bedeutendsten Maler des schwäbischen Barocks in der ersten Hälfte des 18. Jahrhunderts.

Die Bistumspatrone Ulrich und Afra sieht man zudem auf einem Gemälde in der Fugger'schen Georgskapelle, der östlichsten der drei Fuggerkapellen im südlichen Seitenschiff der Basilika. Das Bild in der Grablege Georg Fuggers, eines Neffen Jakob Fuggers „des Reichen", hat der Münchener Hofmaler Christoph Schwarz begonnen. Vollendet hat es später der Hofmaler Peter Candid. An der Westwand unter der Orgelempore verkörpert eine um 1800 entstandene, farbig gefasste Schnitzfigur Bischof Ulrich. Auch am Altar der Marienkapelle (Schneckenkapelle) über der Sakristei sind die Bistumsheiligen Ulrich und Afra zu erkennen.

Die evangelische Kirche St. Ulrich wurde ab dem Jahr 1709 umfassend umgebaut und barockisiert. Prägendes Fassadenelement ist das Zwiebeltürmchen über dem Kirchenportal am Ulrichsplatz – hier durch das enge Afragässchen gesehen.

Die evangelische Kirche St. Ulrich ist ein Denkmal des Glaubensstreits

Die evangelische Pfarrkirche St. Ulrich entstand 1526 aus einer früher offenen Vorhalle der Benediktinerklosterkirche St. Ulrich und Afra. Seit 1457 hatte die sogenannte Ulrichsgred als Predigthaus gedient. Das evangelische Gotteshaus schließt direkt an die Nordwand der weitaus größeren katholischen Basilika an. Die barocke Fassade mit dem zierlichen Glockentürmchen über dem Portal am Ulrichsplatz entstand bei einem tiefgreifenden Umbau im Jahr 1709. Das Vorbild für die Fassadengestaltung hat wohl die evangelische Heilig-Kreuz-Kirche im Augsburger Domviertel geliefert. Das Innere überwölbt eine Tonnendecke. Der „Confessio-Engel" an der Kanzel erinnert mit dem Schriftzug „CONFESS. AVGVST." auf den Seiten eines von ihm gehaltenen offenen Buchs an das Augsburger Bekenntnis. Die beiden Ulrichskirchen sind eine Doppelkirchenanlage – ein Denkmal der Zeit des Glaubensstreits in der Reichsstadt Augsburg. Es war ein Streit, der für diese Stadt im Dreißigjährigen Krieg tragische Folgen hatte.

Die überlebensgroße moderne Bronzefigur des heiligen Ulrich steht vor dem Eingang zum Haus Sankt Ulrich am Augsburger Kappelberg – direkt neben der Basilika St. Ulrich und Afra.

Seit 1993 empfängt St. Ulrich die Besucher des Hauses Sankt Ulrich

In unmittelbarer Nachbarschaft zur Basilika St. Ulrich und Afra entstand bis 1974 das Haus Sankt Ulrich, das Tagungshaus und Stadthotel der Diözese Augsburg.

Vor der Südfassade der Basilika St. Ulrich und Afra empfängt das Haus Sankt Ulrich, das Tagungshaus und Stadthotel der Diözese Augsburg, seine Gäste. Von 1971 bis 1974 war dieser Bau nach Plänen des Münchener Stararchitekten Alexander Freiherr von Branca im Stil der Postmoderne errichtet worden. Der Gebäudekomplex entstand dort, wo zuvor Bauten der Abtei St. Ulrich und Afra gestanden hatten: Sie waren im Zweiten Weltkrieg bei zwei nächtlichen Bombenangriffen der britischen Luftwaffe auf Augsburg im Februar 1944 teilweise zerstört worden.

Schon seit 1993 begrüßt der heilige Ulrich als überlebensgroße Bronzefigur Besucher des Hauses Sankt Ulrich. Dieses Ulrichsdenkmal, ein Werk des Münchener Bildhauers Klaus Backmund, steht bei den Treppenstufen vor dem Eingang zum Foyer.

Im Ulrichsviertel findet man herausragende Baudenkmäler. Das Heilig-Geist-Spital beim Roten Tor und beim dortigen Wasserwerk (heute UNESCO-Welterbe) erinnert an Bischof Ulrich.

Im Ulrichsviertel – ein Spitalbau, UNESCO-Welterbe und Hausfiguren

Vom Ulrichsplatz bis hin zur Ulrichsgasse sowie zum Roten Tor und zum Wasserwerk am Roten Tor (seit 2019 ein Objekt des UNESCO-Welterbes) erstreckt sich das Augsburger Stadtviertel, das nach dem heiligen Ulrich benannt ist. Eine Hausfigur in den Gassen des Ulrichsviertels erinnert an den Bischof, eine andere an die Schlacht auf dem Lechfeld, und der Spitalkomplex an der Spitalgasse an Ulrichs Engagement für die Armen.

Das Ulrichsviertel beginnt nördlich mit dem Ulrichsplatz, der an das südliche Ende der Maximilianstraße anschließt. Selbst der Bundespräsident – Theodor Heuss – war anwesend, als der Platz im Rahmen der 1000-Jahr-Feier zur Schlacht auf dem Lechfeld am 14. August 1955 diesen Namen erhielt. Vom Ulrichsplatz aus hat man den besten Blick auf die Basilika St. Ulrich und Afra und auf die evangelische Kirche St. Ulrich. Doch auch im Stadtteil um die Augsburger Doppelkirche herum erinnern einige Stationen an den Augsburger Bistumspatron und Brunnenheiligen.

Die Hausfigur Bischof Ulrichs findet man in der Kohlergasse. Und an der Ulrichsgasse entdeckt man die Fassadenfigur eines Reiters, die wohl an die Schlacht auf dem Lechfeld erinnern soll.

Das Heilig-Geist-Spital neben dem Roten Tor und beim historischen Wasserwerk am Roten Tor ist eines der großen Denkmäler im Viertel. Indirekt erinnert der massige Komplex an karitative Leistungen Bischof Ulrichs. Zu seiner Zeit wurde (nach 955) ein Spital für zwölf Arme in der Domstadt gegründet. Dieses Spital ist seit 1150 als Heilig-Kreuz-Spital überliefert: Da es zwischenzeitlich vernachlässigt worden war, hat man es um 1240 mit dem Patrozinium Heilig Geist neu gegründet. Selbst wenn das Spitalgebäude längst ein Renaissancebau ist und die Spielstätte der Augsburger Puppenkiste, erinnert es letztlich an das soziale Engagement Bischof Ulrichs. Wie das Siechenhaus St. Servatius gehörte das Heilig-Geist-Spital seit dem Jahr 1759 zur Pfarrei von St. Ulrich und Afra. Äbten des Klosters St. Ulrich und Afra stand zudem das Präsentationsrecht der dortigen Kapläne zu.

Wer mit offenen Augen durch das Ulrichsviertel spaziert, entdeckt in der Peter-Kötzer-Gasse (sie zieht sich entlang der Hangkante unterhalb der Ulrichskirchen) eine Fassadennische: Die dortige Hausfigur verkörpert Bischof Ulrich. An der Ulrichsgasse zeigt eine Fassadenfigur einen reitenden Ungarn – und erinnert somit auch hier an die Schlacht auf dem Lechfeld.

Der heilige Ulrich in St. Maximilian ist eine Schöpfung aus der Werkstatt der Augsburger Bildhauerfamilie Verhelst, der Nachkommen eines aus Antwerpen zugewanderten Meisters.

Ein vergoldeter Bischof im Stil des „Augsburger Geschmacks"

Figuren und Gemälde des heiligen Ulrich zierten und zieren neben dem Dom und der Ulrichsbasilika weitere Augsburger Kirchen. Eine Ulrichsfigur „wanderte" von einer (nicht mehr bestehenden) Jesuitenkirche im Domviertel in eine Kirche in der Jakobervorstadt.

Darstellungen des heiligen Ulrich entdeckt man nicht nur in Kirchen mit dem Ulrichspatrozinium, sondern – in Augsburg und anderswo – in vielen weiteren Kirchen und Kapellen. Auf eine Skulptur, die Bischof Ulrich verkörpert, stößt man zum Beispiel nur ein paar Schritte nach dem Kirchenportal an der Wand am westlichen Ende des südlichen Seitenschiffs von St. Maximilian, einer Kirche in der Jakobervorstadt. Diese Ulrichsfigur gehörte nicht zur Originalausstattung dieser Kirche. In der „Augsburger Bombennacht" vom Februrar 1944 war auch St. Maximilian ausgebrannt. Das zerstörte Gotteshaus unweit der Fuggerei wurde nach dem Zweiten Weltkrieg in vereinfachter Form wieder aufgebaut.

Ein Allerheiligenbild von 1614 in St. Maximilian war die Schenkung eines reichen Fuggers. Im dichten Gewimmel aller Heiligen ist Bischof Ulrich dort allerdings nicht auszumachen.

Die prunkvoll vergoldete Skulptur des Bischofs mit den Attributen Bischofsstab und Evangelienbuch samt dem Fisch darauf war ursprünglich für die (1944 ebenfalls zerbombte) Jesuitenkirche St. Salvator geschaffen worden. Mit dieser Ulrichsfigur hatte man um das Jahr 1760 die weithin berühmte Augsburger Werkstatt der Bildhauerfamilie Verhelst beauftragt: Die Figur des Heiligen – wohl ein Werk des Ignatz Wilhelm Verhelst und seines Bruders Placidus (beide waren Söhne eines in Augsburg eingewanderten Bildhauers aus Antwerpen) – ist ein Beispiel für die Bildhauerkunst im Stil des Rokokos. Die prunkliebende Verspieltheit des Rokokos wurde von Zeitgenossen als „Augsburger Geschmack" verhöhnt und verspottet.

Für das Augsburger Kunsthandwerk war das 18. Jahrhundert allerdings eine überaus gewinnbringende Epoche. Die Werkstätten der Gold- und Silberschmiede belieferten sogar etliche Fürstenhöfe – darunter war der König von Schweden ebenso wie der Zar in Russland. Das sogenannte Augsburger Silber findet man deshalb in vielen hochrangigen Museen Europas. Wegen ihrer zahlreichen Kupferstecher und Verleger genoss die Reichsstadt am Lech sogar den Ruf als „Bilderfabrik Europas".

Die Ulrichsverehrung spielte auch bei der Stiftung der Fuggerei eine Rolle. Der Grundstückskauf und die ersten Bauten wurden aus Mitteln eines Stiftungskontos „St. Ulrich“ finanziert.

Die Fuggerei – finanziert mit Geld vom Konto des heiligen Ulrich

1510 verstarb Ulrich Fugger, der langjährige „Regierer“ der Fuggerfirma. Nach seinem Tod richtete sein Bruder Jakob Fugger „der Reiche“ schon 1511 ein Stiftungskonto „St. Ulrich“ ein. Der Bau der Fuggerei in den folgenden Jahren wurde mit Mitteln eines dem Heiligen gewidmeten Kontos – quasi mit Geld St. Ulrichs – finanziert.

Die Ulrichsverehrung in Augsburg schlug sich auch bei der Stiftung der Fuggerei nieder. Die mit einem Stiftungsbrief vom August 1521 offiziell gegründete Armensiedlung der Gebrüder Ulrich, Georg und Jakob Fugger zählt zwar längst nicht zu den ältesten. Immerhin aber gehört die Fuggerei zu den ältesten (noch bestehenden) Sozialsiedlungen im heutigen Bayern. Den Namen Ulrich Fuggers liest man auch auf den Stiftertafeln über den Toren der Fuggerei, obwohl er elf Jahre vor der Gründung dieser Stiftung (die aber dezidiert auch in seinem Namen entstand) verstorben war. Der Vorname Ulrich taucht später in der Stammtafel der Fugger immer wieder auf – übrigens bis heute.

Das „Maul der Hölle“ – hier am Südportal des Augsburger Doms – ist das drastische Motiv zahlreicher Kirchenportale und Wandmalereien: Es verdeutlichte allen Sündern ihr Schicksal nach einem Leben ohne Beichte, Buße und Reue.

Das Stiftungskonto St. Ulrich – ein Geschäft mit Gott aus Höllenangst

Für die Christen des späten Mittelalters war das Leben bloß ein kurzer Abschnitt vor dem Jenseits, der von Angst vor der Hölle geprägt war. Gebets- und Almosenstiftungen, gestiftete Spitäler und Kapellen, aber auch die Augsburger Fuggerei zeugen davon, wie sehr die Menschen spätere Höllenqualen fürchteten: Teufel und Höllenfeuer waren für sie völlig reale Szenarien. Das galt nicht zuletzt für die Kaufherren, deren Geschäfte nach dem Glauben und dem Kirchenrecht der Zeit nicht ohne Sünde sein konnten, was später ja auch Martin Luther anprangern sollte. Aus Italien übernahmen reiche Kaufleute die Vorstellung, dass ein „conto per dio“ – also ein Stiftungskonto für Gott oder einen Heiligen – den Himmel als Geschäftspartner gewann und (buchstäblich) „die Mittel heiligte“. Mit sozialem Bewusstsein hatte eine solche Stiftung also wenig zu tun: Es war ein Geschäft mit Gott respektive mit einem Heiligen. Fuggereibewohner sollten deshalb als „Fürbitter“ der Stifterfamilie täglich drei Gebete sprechen.

Auf dem Augsburger Jakobsplatz steht der Neptunbrunnen. 1537 hatte die heidnische Gottheit eine Brunnenfigur beim Rathaus verdrängt, die den heiligen Ulrich verkörperte.

Zwei Renaissancebrunnen erinnern an einen verlorenen Ulrichsbrunnen

Im Augsburger Maximilianmuseum hängt die um 1545 entstandene Kopie des „Winterbildes" aus dem um 1530 gemalten vierteiligen Zyklus der „Augsburger Monatsbilder". Inmitten des Gewimmels vor dem damaligen, noch gotischen Rathaus zeigt dieses Gemälde eine vergoldete Figur auf einer Brunnensäule: Sie wurde bald darauf durch eine Figur des heiligen Ulrich über einem Ulrichsbrunnen ersetzt, die 1537 ihrerseits von der konfessionell neutralen Figur des Neptun verdrängt wurde. In der Zeit des Glaubensstreits beseitigte man die Ulrichsfigur, um der mehrheitlich protestantischen Bürgerschaft keinen Anlass zum Aufruhr zu geben.

Heute steht der Neptunbrunnen in der Jakobervorstadt – auf dem Jakobsplatz zwischen der Kirche St. Jakob und der Fuggerei. Um diese bronzene Brunnenfigur ranken sich ein paar ungeklärte Fragen. Weder ihre Entstehungsgeschichte noch der Bildhauer und der Gießer sind bekannt. Unklar ist auch, ob diese Figur des Neptun tatsächlich zunächst einen Brunnen im Garten des reichen, 1535 verstorbenen Raymund Fugger zierte. Klar ist, dass man die Figur des Wassergottes Neptun einer Zeit zuzuordnen hat, in der nördlich der Alpen

Die Hand der Brunnenrandfigur der Wertach am Augustusbrunnen hält einen Fisch – eine getarnte Anspielung auf die Rechte des Bischofs an diesem Fluss und auf St. Ulrich?

das Motiv der nackten heidnischen Gottheit als Brunnenfigur noch neu und gewagt war. Der Guss einer solch großen Bronzefigur war eine technische Innovation. Die Figur des antiken Wassergottes ersetzte auf dem Fischmarkt (dem Platz zwischen Perlachturm und Rathaus) die Brunnenfigur, die dort St. Ulrich verkörpert hatte. Es war womöglich ein Kompromiss, dass damit wenigstens ein Attribut des Heiligen erhalten blieb: Auch Gott Neptun hält einen Fisch respektive Delfin in der Hand (Originalbronze im Maximilianmuseum).

Der Fisch in der Hand der Wertachfigur

Auf dem Beckenrand des Augustusbrunnens sitzt die männliche Personifikation der Wertach. Auch die Hand dieser Figur hält einen Fisch. Dieser Fisch ist womöglich eine versteckte Reminiszenz an jenen Ulrichsbrunnen, der zuvor vor dem Rathaus gestanden hatte. An der Wertach besaß der Augsburger Bischof weitgehende Rechte, überdies war St. Ulrich der Schutzpatron der Fischer und Fischhändler. Im Süden Deutschlands hatten Figuren von Heiligen bis in die Anfänge der Renaissance die Brunnensäulen geziert. Den Wandel auch in Augsburg überlieferte 1682 jener Stich, der den „Leopold Kargen Brunnen bey S. Ulrich" zeigt: Gott Neptun sitzt oben auf der Brunnensäule, den Pfeiler unter ihm schmücken die Figuren der Stadtpatrone St. Ulrich, St. Afra und St. Simpert.

Ein Porträtmedaillon in der Kirche St. Georg im ehemaligen Dorf Haunstetten zeigt Bischof Ulrich, dem eine Hand aus dem Gewölk das Siegeskreuz reicht. Damit wurde auch im heutigen Augsburger Stadtteil an die Lechfeldschlacht erinnert.

Das Kloster St. Ulrich und Afra und St. Ulrich und Afra in Haunstetten

Daran, dass das Dorf Haunstetten bis 1802 im Besitz des Augsburger Klosters St. Ulrich und Afra war, erinnert das Wappen des Klosters und seines Abts am Chorbogen der Kirche St. Georg. Haunstetten lag außerhalb von Augsburg, noch bis 1972 gehörte es sogar zum Landkreis Augsburg, erst seitdem ist es ein Stadtteil von Augsburg. Auch in der barocken Haunstetter Kirche zeigen zwei Porträtmedaillons die Bistumspatrone Ulrich und Afra.

Die Wappen des Augsburger Klosters St. Ulrich und Afra sowie seines Abts Willibald Popp – jeweils seitlich am Chorbogen der Haunstetter Kirche St. Georg zu finden – deuten es an: Das ehemalige Dorf auf dem Lechfeld, seit 1972 ein Stadtteil von Augsburg, gehörte bis zur Säkularisation dem Reichsstift St. Ulrich und Afra. Unter dem Abt des Klosters hatte man bis 1730 das neue Langhaus von St. Georg erbaut und den Kirchturm erhöht. Wo das Kloster St. Ulrich und Afra das Sagen hatte, waren die

Die beiden besonders feisten Kinderengel im Fresko reichen dem Bischof die Attribute Bischofsstab, Evangelienbuch und Fisch.

beiden Bistumsheiligen naturgemäß nicht weit. In runden Medaillons an den Innenwänden liegen sich Ganzkörperporträts von St. Ulrich und St. Afra gegenüber. Sie beide sind Werke des gefragten Augsburger Barockmalers Johann Georg Wolcker.

Die Reichsabtei St. Ulrich und Afra: ein „Staat" mit einem kleinen Territorium

Augsburg war bis zur Säkularisation ein heterogenes Gebilde: Der Mauerring umgab bis 1802/03 die dem Kaiser unterstellte Reichsstadt sowie die Zentren zweier weiterer „Staatsgebilde" – den Besitz des Hochstifts Augsburg um den Dom mit der bischöflichen Residenz am Fronhof sowie die reichsunmittelbare Abtei St. Ulrich und Afra. 1643/44 wurde die Reichsstandschaft dieses Benediktinerklosters nach jahrzehntelangem Ringen um die weltliche Unabhängigkeit vom Hochstift durch den Kaiser und den Bischof anerkannt. Als Reichsstand mit dem kleinen Territorium des Dorfes Haunstetten musste das Kloster sogar Soldaten stellen. Um Augsburg gehörte der Abtei St. Ulrich und Afra beiderseits des Lechs Besitz in etlichen Siedlungen (noch um 1550 in mehr als 100 Orten).

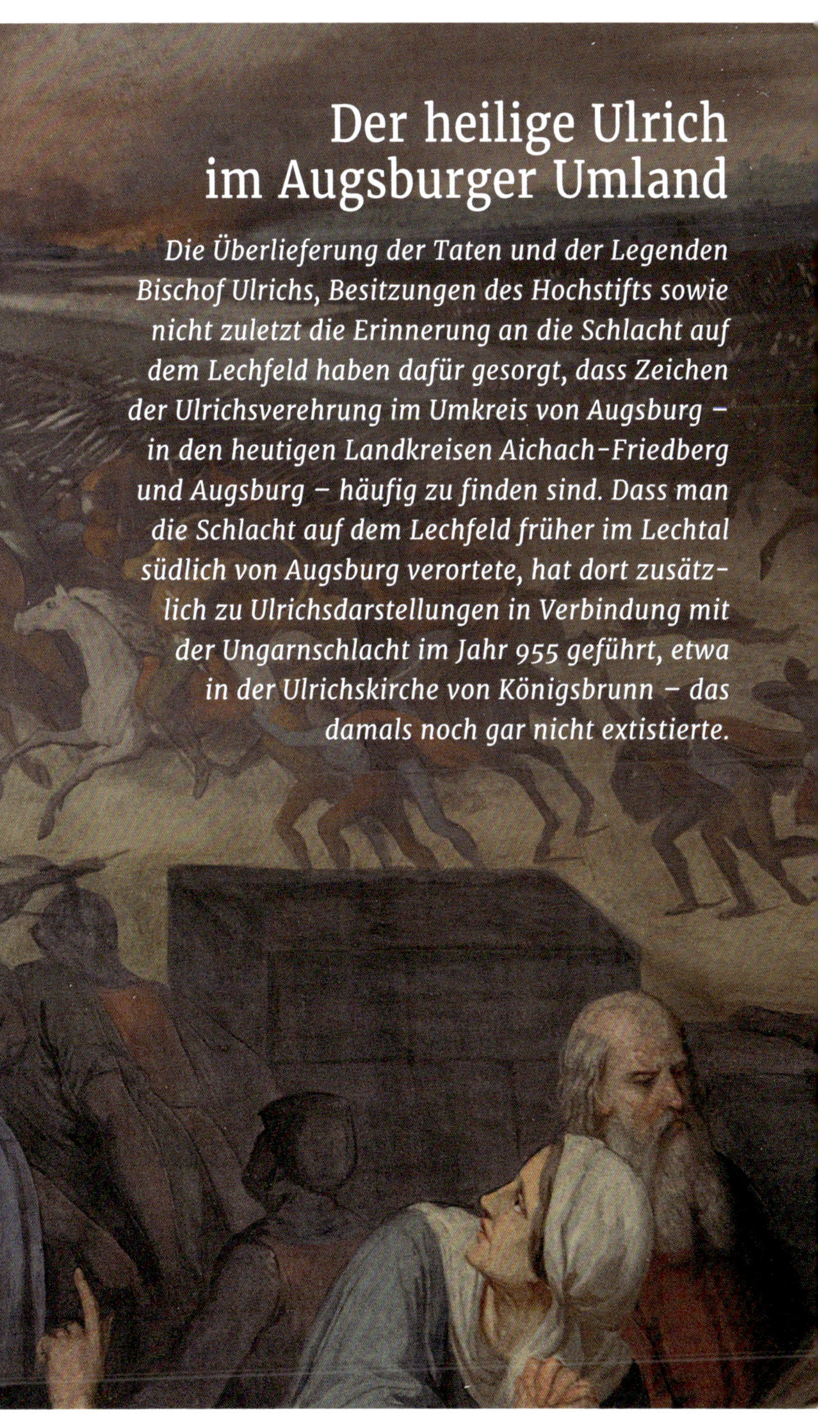

Der heilige Ulrich im Augsburger Umland

Die Überlieferung der Taten und der Legenden Bischof Ulrichs, Besitzungen des Hochstifts sowie nicht zuletzt die Erinnerung an die Schlacht auf dem Lechfeld haben dafür gesorgt, dass Zeichen der Ulrichsverehrung im Umkreis von Augsburg – in den heutigen Landkreisen Aichach-Friedberg und Augsburg – häufig zu finden sind. Dass man die Schlacht auf dem Lechfeld früher im Lechtal südlich von Augsburg verortete, hat dort zusätzlich zu Ulrichsdarstellungen in Verbindung mit der Ungarnschlacht im Jahr 955 geführt, etwa in der Ulrichskirche von Königsbrunn – das damals noch gar nicht extistierte.

Im Deckenfresko der Kirche St. Ulrich in Königsbrunn betet Bischof Ulrich mit Gläubigen für den Sieg, statt (wie etwa im nahen Ort Graben dargestellt) über das Schlachtfeld zu reiten.

Die Kirche St. Ulrich und der Ulrichsbrunnen in Königsbrunn

Die Stadt Königsbrunn erstreckt sich auf dem 955 noch wenig besiedelten, wasserarmen und karg bewachsenen Lechfeld. Man hat lange geglaubt, dass die Schlacht auf dem Lechfeld irgendwo hier stattgefunden habe. Darum erinnert im Stadtzentrum etliches an Bischof Ulrich, an die Ungarnschlacht – und an drei Könige.

Die ab 1855 im Stil der Neugotik erbaute Pfarrkirche St. Ulrich in Königsbrunn belegt die auch im 19. Jahrhundert ungebrochene Verehrung des Bistumspatrons. Auf Bischof Ulrich von Augsburg stößt man bereits vor dem Betreten dieser Kirche im Relief des Tympanons über dem Portal. Und schon der erste Blick in die Kirche bestätigt, dass Bischof Ulrich – wie auch das Lechfeld bei Königsbrunn – immer wieder mit der epochalen Ungarnschlacht von 955 in Verbindung gebracht wurde. Denn ein im Jahr 1858 im Nazarenerstil gemaltes großes Deckenfresko des im nahen Schwabmünchen geborenen Ferdinand Wagner stellt hier eine Szene der Ungarnschlacht direkt vor der Stadtmauer von Augs-

Im Flachrelief des Tympanons über dem Portal der neugotischen Königsbrunner Kirche St. Ulrich ist der Heilige als zentrale Figur (auch hier von Betenden umgeben) dargestellt.

burg dar. Im Hintergrund brennen beiderseits des Lechs die Dörfer. In diesem Deckengemälde betet Bischof Ulrich weit abseits des Gemetzels mit Gläubigen für den Sieg. Im Gegensatz zu zahlreichen anderen Kirchen mit – früher gemalten – Szenen der Lechfeldschlacht reitet Bischof Ulrich hier also mitnichten hoch zu Ross durch das Kampfgetümmel: Er wirkt hier allein durch das Gebet. Die Darstellung in der Königsbrunner Kirche St. Ulrich bezeugt die allmähliche Uminterpretation der Ulrichslegende sowie der Rolle des Bischofs in der Schlacht. In der im Stil der Neugotik ausgestatteten Stadtpfarrkirche (Ulrichsplatz 1) zieren außerdem die beiden farbig gefassten Schnitzfiguren der Bistumspatrone St. Ulrich und St. Afra seitlich den Hochaltar. Den Bau dieser Kirche hatte König Maximilian II. von Bayern als ein „Denkmal des bedeutsamen Sieges" gefördert. Zur Grundsteinlegung am 9. August 1855 war sogar ein historischer Festzug aus Augsburg in Königsbrunn eingetroffen.

Am Ulrichsbrunnen: Bischof, König und Magyaren

Im Zentrum der Stadt Königsbrunn kommt man am Thema Ulrich und Lechfeldschlacht kaum vorbei. Auf dem Platz vor der Kirche

St. Ulrich sieht man in der Königsbrunner Ulrichskirche am neugotischen Hochaltar als Seitenfigur.

St. Ulrich hat man den sogenannten Ulrichsbrunnen aufgestellt. Der 1978 – seinerzeit an anderer Stelle eingeweihte – Ulrichsbrunnen soll an Legenden um den Heiligen erinnern: Sein Gebet, aber auch sein Bischofsstab sollten nie versiegende Quellen entspringen lassen können (wie es etwa auch vom Ulrichsbrunnen im 27 Kilometer südlich gelegenen Eresing erzählt wird). An der hohen steinernen Brunnensäule – ihre Spitze gibt das Brunnenwasser ab – wurde in jeder Himmelsrichtung je ein Bronzerelief angebracht. Die Plakette an der Westseite zeigt Bischof Ulrich mit dem Siegeskreuz aus der Schlacht auf dem Lechfeld in der hoch erhobenen Linken, seitlich sieht man seinen Fisch. Auf der Plakette an der Nordseite reiten vier Magyaren mit Bogen und Lanzen in den Kampf. Den Sieger der Lechfeldschlacht – König Otto I. – stellt die Plakette an der Südseite hoch zu Pferd dar.

Daten zur Ortsgeschichte liest man auf der Plakette an der Ostseite der Säule des Ulrichsbrunnens. Dort reklamiert Königsbrunn für sich, dass die Ungarnschlacht auf der Flur der heutigen Stadt geschlagen worden sei: „Im Jahr 955 besiegte König Otto I. die Ungarn in der Schlacht auf dem Lechfeld." Als zweites Ereignis wird aufgeführt: „1833 erfolgte auf Weisung König Ludwigs I. die Grabung eines Brunnens", woraus sich später das Straßendorf

Eine der vier Bronzeplaketten am Königsbrunner Ulrichsbrunnen stellt Bischof Ulrich mit dem Siegeskreuz aus der Schlacht auf dem Lechfeld in der linken Hand dar.

Königsbrunn entwickeln sollte, das im Jahr 1967 zur Stadt (heute die größte Kommune im Landkreis Augsburg) erhoben wurde. Nur ein paar hundert Meter von der Kirche St. Ulrich sowie vom Ulrichsbrunnen entfernt liegt ein moderner Informations- und Präsentationspavillon (Alter Postweg 1). Dort erinnert Königsbrunn mit drei Großdioramen an die Schlacht im Jahr 955.

St. Ulrich entdeckt man auch in der Kirche St. Felizitas im etwa fünf Kilometer westlich von Königsbrunn gelegenen Bobingen. Dort stellt ihn ein Gemälde Liberat Hundertpfunds von 1856 dar.

Auch vier ungarische Reiter auf der Plakette an der Nordseite des Ulrichsbrunnens erinnern an die Schlacht auf dem Lechfeld.

Eines der figurenreichen Landschaftsdioramen im Königsbrunner Informationspavillon zur Schlacht auf dem Lechfeld zeigt Bischof Ulrich auf der Augsburger Stadtmauer.

Eine Gedenkstätte in Königsbrunn erinnert an die Ungarnschlacht von 955

Drei große Landschaftsdioramen in der Königsbrunner Gedenkstätte zur Schlacht auf dem Lechfeld verdeutlichen das Kampfgeschehen des Jahres 955. (Der offizielle Projekttitel dieser Einrichtung lautet „Lechfeldschlacht – Regionaler Informations- und Präsentationspavillon Königsbrunn".) Die mit etlichen tausend handbemalten Zinnfiguren gestalteten Dioramen veranschaulichen die wilde Flucht des ungarischen Heers über den Lech, den Überfall der Ungarn auf den Tross des auf Augsburg vorrückenden Heers der deutschen Stämme und den Angriff auf die Bischofsstadt.

Hinter der niedrigen Stadtmauer steht auch Bischof Ulrich, der die Verteidiger anfeuert. Dieses Diaroma zeigt auch den romanischen Dom, wie er zu St. Ulrichs Lebzeiten ausgesehen haben dürfte. Führungen im Informationspavillon, der auch noch weitere Ereignisse der deutsch-ungarischen Geschichte (darunter auch „Das Wunder von Bern") aufgreift, sind für Gruppen möglich.

Ein Ölgemälde in der Wallfahrtskirche Maria Hilf in Klosterlechfeld zeigt ein Porträt von Bischof Ulrich. Der Putto im Hintergrund überbringt ihm das Siegeskreuz der Lechfeldschlacht.

Auch Ulrichs Porträt in Maria Hilf erinnert an die Lechfeldschlacht

Nach einem Gelübde ließ die Augsburger Patrizierin Regina Imhof auf dem Lechfeld eine 1604 geweihte Kapelle errichten. In der später erweiterten Wallfahrts- und Franziskanerklosterkirche Maria Hilf in Klosterlechfeld entdeckt man St. Ulrich nach nur kurzer Suche auf einem Porträtgemälde vor einer der Seitenkapellen.

Ein Porträt von St. Ulrich sieht man in der in üppigstem Barock ausgestatteten Wallfahrtskirche Maria Hilf in Klosterlechfeld. Das gerahmte Ölgemälde hängt am Eingangsbogen einer nördlich gelegenen Seitenkapelle. Auf dem 1763 geschaffenen Bild reicht ein Kinderengel dem Bischof von Augsburg das Siegeskreuz: Auch hier findet sich folglich eine Anspielung auf die Schlacht auf dem Lechfeld. Gemalt hat das Porträt ein Johann Baptist Baader aus dem nahen Dorf Lechmühlen (nun ein Ortsteil der Gemeinde Fuchstal). Kern der ab 1656 erweiterten und barockisierten Kirche ist jene Kapellenrotunde, die Baumeister Elias Holl aus Augsburg 1603 geplant hat – der heutige Chor.

Für das Deckenfresko über dem Chor von St. Ulrich und Afra in Graben schuf Johann Baptist Enderle das Motiv Bischof Ulrichs, der König Otto I. vor der Lechfeldschlacht die Hostie reicht.

Die Schlacht auf dem Lechfeld – in St. Ulrich und Afra in Graben

In der Kirche St. Ulrich und Afra im Lechfeldort Graben zeigt ein barockes Deckenfresko zwei Szenen aus der Schlacht auf dem Lechfeld. Und auch hier verkörpern Figuren die Bistumsheiligen St. Ulrich und St. Afra.

Die im Kern spätgotische Kirche St. Ulrich und Afra im Lechfeldort Graben liegt etwa zwölf Kilometer südlich der Kirche St. Ulrich in Königsbrunn. Auch in Graben manifestierte sich die Annahme, dass das Hauptgeschehen der Ungarnschlacht auf dem Lechfeld südlich von Augsburg stattgefunden habe, in den Motiven eines Deckengemäldes. Das Fresko über dem Chor in der Pfarrkirche von Graben ist Rokokomalerei vom Feinsten: Der Donauwörther Johann Baptist Enderle hat dort 1789 in seinem Fresko in einem – gemalten – achteckigen Stuckrahmen zwei Szenen der Schlacht auf dem Lechfeld verbildlicht.

In der weit größeren der beiden Szenen reicht Bischof Ulrich vor dem Beginn der Lechfeldschlacht König Otto I., dem Anführer

Auch in Graben findet man eine in Ulrichskirchen des Öfteren dargestellte Szene: Bischof Ulrich und König Otto I. preschen hoch zu Ross Seite an Seite über das Schlachtfeld von 955.

des Heers der deutschen Stämme, eine Hostie. Am gegenüberliegenden Rand des Achteckrahmens ist ein kleineres, aber öfter gewähltes Motiv zu erkennen: Dort reiten Bischof Ulrich und König Otto I. nebeneinander übers Schlachtfeld. Zwei Schnitzfiguren verkörpern auch hier die Bistumsheiligen Ulrich und Afra als Seitenfiguren am Hochaltar. Inschriften nennen ihre Namen.

Nur knapp sieben Kilometer nördlich der Ulrichskirche in Graben liegt die „Ulrich-Kaserne". Diesen Namen trägt die im Jahr 1960 eingeweihte Bundeswehrkaserne bei Kleinaitingen seit 1964.

Eine Skulptur, die den heiligen Ulrich darstellt, schmückt auch in St. Ulrich und Afra in Graben als Seitenfigur den dortigen Hochaltar.

St. Ulrich findet man im Landkreis Augsburg – im Rokokostil und geschnitzt – in Wollishausen (links) und in Gablingen.

In großer stilistischer Bandbreite: St. Ulrich im Westen von Augsburg

Westlich der Bischofsstadt findet man Kunstwerke, die den heiligen Ulrich darstellen, etwas weniger dicht als südlich, nördlich oder östlich von Augsburg. Doch auch im westlichen Landkreis Augsburg sieht man etliche Darstellungen Ulrichs. Ein Fresko in der Hainhofer Kirche St. Stephan gehört zum Zyklus der einzigen gotischen Wandmalerei aus dem späten 14. Jahrhundert im Landkreis. Als in einer Chorturmkirche die erste gemalte Darstellung Ulrichs mit einem Fisch entstand, gehörte das Dorf dem Hochstift Augsburg. Hainhofen liegt an der stets überschwemmungsgefährdeten Schmutter, wo man Ulrich, den Schutzpatron bei Wassergefahren, öfter findet. In Wandkartuschen in der Hirblinger Pfarrkirche St. Blasius sind auch die beiden Bistumsheiligen St. Ulrich und Afra abgebildet. Im benachbarten Batzenhofen stellt eine große Seitenfigur am Hochaltar der Martinskirche St. Ulrich dar. Als lebensgroße Schnitzfigur entdeckt man ihn zudem in der Kirche St. Martin hoch über der Schmutter in Gablingen. Zur barocken Klosterlandschaft um die Zisterzienserinnenabtei Oberschönenfeld gehört auch die 1747 im Stil des Rokokos errichtete Kirche St. Peter und Paul in Wollishausen, ebenfalls ein Dorf im Schmuttertal. Am dortigen Hochaltar verkörpert eine Holzfigur des späten 17. Jahrhunderts St. Ulrich.

Geballt finden sich Ulrichsdarstellungen im Markt Dinkelscherben und in seinen Ortsteilen. Dinkelscherben war von 1430 bis 1803 eine Besitzung des Augsburger Domkapitels. An der Nordwand der Pfarrkirche St. Simpert stehen Figuren der Heiligen Ulrich, Afra (aus der Zeit vor 1600) und Simpert. In der Pfarrkirche St. Ulrich im Ortsteil Oberschöneberg stellt ein Fresko den Heiligen im Motiv der Lechfeldschlacht dar. In der Kapelle Mariä Heimsuchung im Weiler Siefenwang zeigen zwei Ölgemälde aus dem frühen 19. Jahrhundert Ganzkörperporträts von St. Ulrich und St. Afra. Im Ortsteil Häder sieht man Ulrich und Afra am Seitenaltar der im Stil des Rokokos ausgestatteten Kirche St. Stephan. Auch dieses Dorf hatte dem Augsburger Kloster St. Ulrich und Afra gehört. In Mariä Himmelfahrt in Neuhäder entdeckt man Ulrich und Afra als Figuren an einem Seitenaltar sowie gemalt auf den Rückseiten der Flügel eines spätgotischen Altarschreins.

Im 19. Jahrhundert schuf die Künstlerfamilie Scherer aus dem Ortsteil Ettelried ein breites Œuvre. Für den Chor der heimatlichen Kirche St. Katharina entwarf Joseph Scherer 1879 ein Glasgemälde, das St. Ulrich und Afra darstellt. Ein Glasbild in der Kirche St. Nikolaus im Dinkelscherbener Ortsteil Fleinhausen, das St. Ulrich abbildet, ist wohl ebenfalls das Werk eines Mitglieds der Künstlerfamilie Scherer. Auch in der Scherer-Galerie im Museum im Zehentstadel in Dinkelscherben ist ein Glasfenster zu sehen, das St. Ulrich darstellt. Figuren von Ulrich und Afra findet man übrigens auch in der Kapelle Zu den Vierzehn Nothelfern in Osterkühbach. Dieser Weiler liegt zwar im Gebiet der Gemeinde Ustersbach, doch die Kapelle gehört der Marktgemeinde Dinkelscherben.

1478 erwarb das Hochstift das Dorf Agawang. Dort sieht man St. Ulrich nun (modern) in einem der Zwickelfelder im Langhaus von St. Laurentius und als Figur im Chor. Eine Holzfigur aus dem frühen 16. Jahrhundert stellt ihn in St. Magdalena in Horgauergreut dar. Bei Horgau soll König Otto I. ein Marschlager aufgeschlagen haben: Am Tag darauf zog sein Heer in die Schlacht auf dem Lechfeld. Zu Kämpfen mit den Ungarn kam es wohl auch an der nahegelegenen Schmutter.

Das Hochaltarblatt in der Kirche St. Ulrich in Ellgau stellt die Glorie des heiligen Ulrich dar. Dieser Altar steht hinter einem Schutzgitter im barocken Teil der 1994 erweiterten Kirche.

Der Schutzpatron bei Wassergefahr im Flößerdorf Ellgau am Lech

In Ellgau hatte St. Ulrich als Schutzpatron bei Wassergefahren doppelte Bedeutung. Zum einen, weil im Dorf am Lech früher alljährlich mit Hochwasser zu rechnen war. Zum anderen, weil die Männer des Ortes mit der nicht ungefährlichen Lechflößerei ihr Brot verdienten.

Von der Ortsstraße in Ellgau aus wirkt die Pfarrkirche St. Ulrich auf den ersten Blick recht überschaubar. Der Straße zugewandt ist ein eher kleiner Bau mit barockem Zwiebeltürmchen. Das Patrozinium erklärt sich wohl dadurch, dass das Kloster St. Ulrich und Afra in Augsburg jahrhundertelang Besitzungen in Ellgau hatte. Erweitert wurde diese im 14. oder 15. Jahrhundert errichtete Kirche ab 1766, nachdem 1753 ein Fugger Ellgau erworben hatte. Das Dorf gehörte damit zur Fugger-Herrschaft Oberndorf. Dass die Fugger auf qualitätvolle Gottesdienste Wert legten, unterstreicht die Gedenkinschrift für die Pfarrstiftung („Benefizium in Ellgau" des Grafen Johannes Nepomuk Fugger-Glött und seiner Gemahlin Elisabeth) hinter dem Eingang zur Kirche.

Die Ulrichsfigur vor der Ostwand des erst in den 1990er Jahren entstandenen Erweiterungsbaus an der Westseite der älteren Kirche verkörpert den Ellgauer Kirchenpatron.

Der barocke Baukörper der Kirche beherbergt den Hochaltar, für dessen Altarblatt man das Motiv der Glorie des heiligen Ulrich gewählt hatte. Eine der beiden Seitenfiguren am Altar stellt den heiligen Nikolaus dar, der unter anderem als Schutzpatron der Flößer und (wie Ulrich) bei Wassergefahren angerufen wurde.

An der Westseite der (viel kleineren) alten Pfarrkirche St. Ulrich liegt ein Erweiterungsbau aus den 1990er Jahren. Ein gemeinsamer Eingang verbindet den Altbau mit dem Neubau. Hinter dem Eingang zum modernen Teil dieser Kirche verkörpert eine Ulrichsfigur vor der Ostwand den Ellgauer Kirchenpatron.

Ein aus Metall konstruiertes Lechfloß im ehemaligen Flößerdorf Ellgau demonstriert die früher große Bedeutung der – nicht ungefährlichen – Lechflößerei für den kleinen Ort im nördlichen Lechtal.

Ein Landschaftsdiorama in der Königsbrunner Gedenkstätte zur Schlacht auf dem Lechfeld im Jahr 955 stellt die wilde Flucht der Ungarn an das östliche Ufer des Lechs dar.

Östlich des Lechs: Ungarnschanzen, Schwerter und ein Sensationsfund

„Der 1955 von der Stadt Augsburg errichtete ULRICHSSTEIN erinnert an die 1000jährige Wiederkehr der Schlacht auf dem Lechfeld, bei der die Ungarn am 10. August 955 von König Otto I. und dem Augsburger Bischof Ulrich vernichtend geschlagen wurden." So steht es auf der Inschrift an dem beidseitig mit Mosaiken verzierten – innenstadtseitig aufgestellten – „Ulrichsstein" bei der 1986/87 erbauten (bis 2010 erneuerten) Brücke zwischen der Augsburger Altstadt und dem 1913 eingemeindeten Stadtteil Lechhausen am östlichen – also altbayerischen – Ufer des Lechs. Den Namen „Ulrichsbrücke" trägt diese Brücke erst seit 1995.

Auf eine Brücke mussten die Ungarn verzichten, als sie 955 über den Lech in Richtung Osten flohen. Es war eine Flucht ohne Wiederkehr und unter großen Verlusten. Die gefangenen Anführer der Ungarn wurden in Regensburg gehängt. Östlich des Lechs hatte das Feldlager der Ungarn gelegen. Der Lech war damals (Jahrhunderte vor der Flusskorrektion) ein etliche hundert Meter breites, von zahllosen kleinen Flussrinnen durchzogenes Geröllfeld. Die Raubzüge der Ungarn, die Schlacht auf dem Lechfeld und all ihre Folgen

Ein Mosaik auf dem sogenannten Ulrichsstein an der Lechhauser Ulrichsbrücke zeigt eine Szene der Lechfeldschlacht.

haben östlich von Augsburg – im Landkreis Aichach-Friedberg – weit über die Kirchen und Kapellen hinaus Spuren in Form von Bodendenkmälern und Gedenkorten hinterlassen. In und an drei Rathäusern wird an die Schlacht auf dem Lechfeld erinnert. Im Rathaus von Kissing stellt ein Wand-

Ein Fresko im Rathaus der Lechfeldgemeinde Kissing: Bischof Ulrich von Augsburg in der Schlacht und am Fluss.

Ein Wandgemälde im Friedberger Rathaus zeigt einen Bauern, der beim Pflügen auf ein Schwert gestoßen ist: Das Motiv ist womöglich eine Anspielung auf einen Schwertfund in Mering.

fresko von 1964 Bischof Ulrich in der Schlacht und am Lech dar. Im Ratssaal des Rathauses in Friedberg zeigt eine um 1892 entstandene Historienmalerei einen Bauern, der beim Pflügen ein Schwert gefunden hat und es prüfend in der

Im Meringer Wappen (hier ein Relief des Wappenbilds am Rathaus): ein stehendes ungarisches Krummschwert.

Auch das sogenannte Ulrichsmarterl bei Sand erinnert an Bischof Ulrich und an die Schlacht auf dem Lechfeld im Jahr 955.

Hand hält: Auch dieses Wandfresko dürfte möglicherweise auf die Schlacht auf dem Lechfeld verweisen. Ein ungarisches Krummschwert ziert jedenfalls das Wappenbild der nahen Marktgemeinde Mering. Das von König Ludwig I. von Bayern allergnädigst genehmigte Wappen zeigt „ein Hunnenschwerdt, welches im Jahre 1808 in dem Orte Mehring gefunden wurde". Ein Wappenrelief mit dem Ungarnschwert ist in der Fassade des Meringer Rathauses eingelassen. In Mering, Pöttmes und Todtenweis finden sich sogenannte Ungarnschanzen: Die Relikte dörflicher Fliehburgen sind geschützte Bodendenkmäler.

Mit ergrabenen Funden als Beweise für die Schlacht sah es lange schlecht aus. Doch 2011 fand ein Hobbyarchäologe bei Todtenweis Relikte eines kostbaren Pferdegeschirrs, das einem Anführer der Ungarn gehört haben muss. In St. Ulrich und Afra in Todtenweis (nur bei Gottesdiensten zugänglich) zeigt das Hochaltarblatt die Bistumsheiligen: Ein Siegeskreuz (Aufschrift: „S.CRUXUDALRICI") am Himmel erinnert an die Ungarnschlacht. Eine Schnitzfigur aus dem 14. Jahrhundert stellt St. Ulrich dar. Bei Sand, einem Ortsteil von Todtenweis, erinnert das „Ulrichsmarterl" an den Heiligen. Viereinhalb Kilometer weiter östlich liegt Eisingersdorf: Dort zeigt der Altar (der oft nicht zugänglichen) Kirche St. Ulrich die Ulrichsmesse, die Ungarnschlacht sieht man im Deckenfresko. Rund sieben Kilometer südöstlich steht die im Kern romanische Ulrichskapelle im Aindlinger Ortsteil Weichenberg.

Die neugotische Skulptur des heiligen Ulrich in der Kirche von Meringerzell steht in einer der Figurennischen im Choraltar des im Kern romanischen Sakralbaus.

Mering: St. Ulrich in zwei Kirchen nah bei einer Ungarnfliehburg

Im Hartwald bei Mering finden sich die Spuren eines Ringwalls, der als Ungarnfliehburg diente. Vielleicht auch wegen der daraus resultierenden Erinnerungen an diese Zeit entstanden in zwei nahegelegenen Kirchen Kunstwerke, die St. Ulrich verkörpern: In den dörflichen Meringer Ortsteilen Meringerzell und Baierberg findet man ihn mal als Skulptur und mal als Glasmalerei.

Relikte von Wällen auf dem Vorderen Schlossberg, wenige Kilometer südlich der Meringer Ortsteile Reifersbrunn und Meringerzell am Rande des Hartwalds gelegen, dürften Bewohner dieser Gegend stetig an die etliche Jahrzehnte andauernden Raubzüge ungarischer Reiterhorden am Lech sowie an die Ungarnschlacht von 955 als deren Schlusspunkt erinnert haben. Die Überreste der Erdwerke am Schlossberg sind noch immer zu erkennen. Die Relikte etlicher solcher Ungarnfliehburgen, die man auf Hügeln mit möglichst steil abfallenden Hängen angelegt hatte, erhielten sich teils auch andernorts in Wäldern entlang des Lechtals.

In einem Kirchenfenster in der kleinen Kirche St. Kastulus im Meringer Ortsteil Baierberg ist St. Ulrich mit seinem Fisch – jedoch ohne das sonst für ihn übliche Evangelienbuch – zu entdecken. Das gegenüberliegende Kirchenfenster zeigt die Bistumsheilige Afra.

St. Ulrich in der Kirche von Meringerzell

Der Mittelpunkt des am Schlossberg gelegenen Meringer Ortsteils Meringerzell ist die Kirche St. Johannes Baptist. Der Weg dorthin lohnt sich allein schon wegen der in den 1980er Jahren wiederentdeckten Wandmalereien an der Südwand, ein um 1400 entstandenes Weltgerichtsfresko. 1881 wurde die im Kern romanische Kirche mit einem neugotischen Choraltar ausgestattet. In zwei Seitennischen dieses Altars stehen farbig gefasste hölzerne Skulpturen der Bistumspatrone Ulrich und Afra.

St. Ulrich in St. Kastulus in Baierberg

Auch in der 1681 errichteten kleinen Kirche St. Kastulus im Meringer Ortsteil Baierberg findet man die Bistumspatrone, hier dargestellt in Glasmalereien. In einem Chorfenster erkennt man St. Ulrich, dort mit seinem Fisch in der linken Hand und ohne das Attribut des Evangelienbuchs. Im Kirchenfenster ihm gegenüber ist St. Afra zu sehen. Der Kirchenpatron St. Kastulus ist übrigens ein wenig bekannter, als Schutzpatron aber vielseitig angerufener Heiliger. Wie St. Ulrich wurde auch er als Patron bei Wassergefahren verehrt. Dieser Märtyrer war aber außerdem der Patron der Hirten, gegen Pferdediebstahl, Viehseuchen, Rotlauf, Wildfeuer sowie Blitz- und Kriegsgefahr. Heiratswillige Frauen bemühten St. Kastulus sogar bei der Suche nach einem Ehemann.

St. Ulrich und seinen Fisch auf dem Evangelienbuch findet man auch in der früheren Benediktinerinnenklosterkirche St. Magnus.

In Kühbach: der heilige Ulrich an einem Altar der Kirche St. Magnus

St. Magnus in Kühbach war die Kirche eines 1011 gegründeten Benediktinerinnenklosters. Die barocke Figur des heiligen Ulrich sieht man hier an einem Seitenaltar.

Der Turmunterbau von St. Magnus in Kühbach verrät, dass es sich hier um ein ab dem 12. Jahrhundert errichtetes Gotteshaus handelt. Der heutige Barockbau wurde 1687/88 errichtet. Größe und Ausstattung dieser Kirche erklären sich damit, dass sie das Gotteshaus eines 1011 gegründeten Benediktinerinnenklosters war: Angesichts dessen ist es nahezu selbstverständlich, dass der vom Orden der Benediktiner besonders verehrte heilige Ulrich auch hier zu sehen ist. Er rahmt mit seinem Gegenüber, dem heiligen Nikolaus, einen der Altäre in der Mitte des Langhauses. Das Klostergut wurde 1831 von Herzog Maximilian in Bayern, dem Vater der Kaiserin Elisabeth von Österreich, erworben. 1838 kaufte Herzog Max das nahe Wasserschloss in Unterwittelsbach: Die Schlosskapelle mit dem Patrozinium St. Ulrich und Afra ließ er erneuern. Das Schloss war von 1533 bis 1777 ein Besitz der Benediktiner im Augsburger Kloster St. Ulrich und Afra gewesen.

In St. Leonhard in Inchenhofen zeigt ein barocker Seitenaltar die Mantelspende des heiligen Martin. Die zwei Bistumsheiligen St. Ulrich und Afra rahmen den Martinsaltar als Seitenfiguren.

Inchenhofen – St. Ulrich und Afra am Martinsaltar in St. Leonhard

Der von den Bauern verehrte St. Leonhard – der Schutzpatron des Viehs, der Gefangenen und der Gebärenden – dominiert durch Szenen seiner Vita in den barocken Fresken das Innere der einst viel besuchten Wallfahrtskirche. Mit viel Blattgold gefasste barocke Figuren der Bistumsheiligen Ulrich und Afra entdeckt man auch hier.

In die Kirche St. Leonhard in Inchenhofen führte die älteste und wohl bedeutendste Leonhards-Wallfahrt Deutschlands. 1776 schuf der in Inchenhofen geborene Ignaz Baldauf die farbenfrohen und figurenreichen Fresken mit Szenen aus der Vita des Kirchenpatrons. In seinen Fresken zeigte Baldauf auch Kurfürst Maximilian I. von Bayern, der dem für diese Kirche verantwortlichen Zisterzienserkloster jährlich ein gutes Pferd schenkte. Um 1629 entstand der nördliche Seitenaltar dieser Wallfahrtskirche. Vor dem wohl ebenfalls von Baldauf gemalten Altarblatt stellt eine Figurengruppe die Mantelspende des heiligen Martin dar. Barocke Skulpturen von St. Ulrich und Afra rahmen diese Szene.

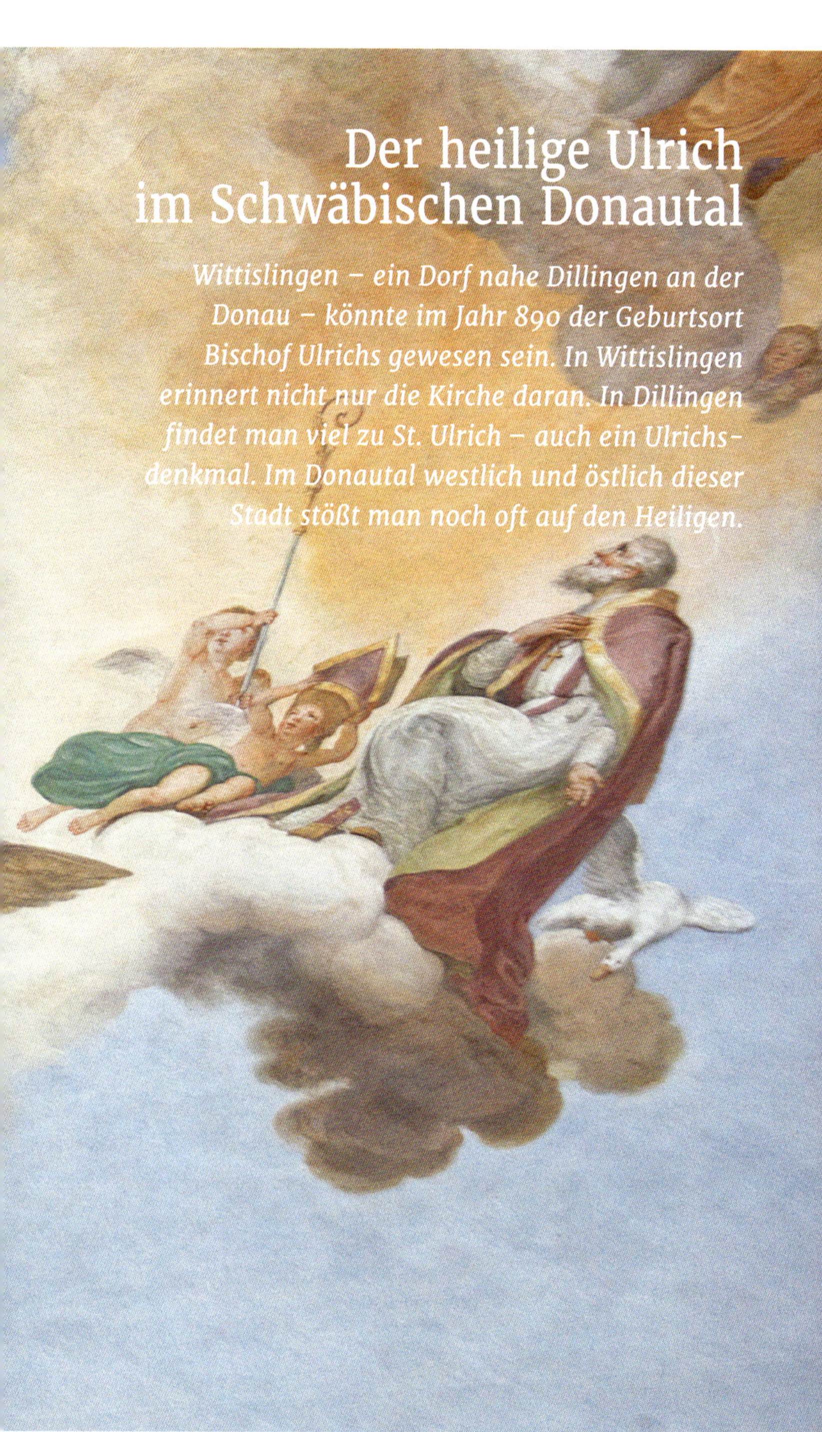

Der heilige Ulrich im Schwäbischen Donautal

Wittislingen – ein Dorf nahe Dillingen an der Donau – könnte im Jahr 890 der Geburtsort Bischof Ulrichs gewesen sein. In Wittislingen erinnert nicht nur die Kirche daran. In Dillingen findet man viel zu St. Ulrich – auch ein Ulrichsdenkmal. Im Donautal westlich und östlich dieser Stadt stößt man noch oft auf den Heiligen.

Das barocke Deckenfresko in der Kirche St. Ulrich und Martin in Wittislingen zeigt die Glorie des heiligen Ulrich. Der Ort war der Stammsitz des Geschlechts, dem Bischof Ulrich entstammt.

Wittislingen – der Geburtsort Bischof Ulrichs von Augsburg?

Die Adelssippe der Hupaldinger, der auch Bischof Ulrich entstammt, hatte ihren Stammsitz in Wittislingen. Vielleicht war es dort, wo Ulrich im Jahr 890 geboren wurde. Wittislingen erinnert an St. Ulrich und an seine Mutter.

In Wittislingen (die Marktgemeinde liegt etwa neun Kilometer nordwestlich des bischöflichen Schlosses in Dillingen a.d. Donau) befand sich der Stammsitz des Geschlechts der Hupaldinger. Das war jene Adelssippe, der auch Bischof Ulrich von Augsburg angehörte. Der Ort „VViteselinga" wurde später erstmals schriftlich erwähnt, weil Ulrich dort 973 – in seinem Todesjahr – seine Neffen besucht hatte. Wohl um 950 hatten die Hupaldinger ihren Sitz aber schon in das wenige Kilometer weiter östlich gelegene Dillingen und damit direkt an die Donau verlegt. Seit dem Jahr 1111 nannten sie sich dann „Grafen von Dillingen".

In Wittislingen hatte Ulrich 973 die Erweiterung einer Kapelle veranlasst, bei der man seine Eltern und weitere Verwandte be-

Am freistehenden Turm der Kirche St. Ulrich und Martin sind die Buckelquader des Bergfrieds der sonst weitestgehend abgetragenen einstigen Burg der Hupaldinger zu erkennen.

stattet hatte. Eine erste Kirche, die irgendwann während des 13./14. Jahrhunderts im Bereich der Burg entstanden war, wurde 1750 abgebrochen. 1752 hat man dort die neu erbaute barocke Pfarrkirche St. Ulrich und Martin geweiht. Die Untergeschosse des quadratischen Kirchturms bestehen aus dem Quadermauerwerk des Bergfrieds der Hupaldingerburg. Buckelquader sind an den Ecken des Turms bis zur Höhe des Kirchendachs sichtbar.

Der Namenspatron der Wittislinger Kirche war ursprünglich nur der heilige Martin gewesen. Das Patrozinium wurde erst 1805 um den Namen des heiligen Ulrich erweitert. 1787 war bei der barocken Ausstattung der neuen Wittislinger Pfarrkirche jenes Deckenfresko entstanden, das nun die Glorie der beiden Heiligen Ulrich und Martin darstellt. Mit der barocken Ausstattung entstanden zugleich die geschnitzten Figuren von St. Ulrich und Martin zu beiden Seiten des Hochaltars. Rechts vom Altar steht zudem eine kleinere, farbig gefasste Schnitzfigur, die ebenfalls Bischof Ulrich verkörpert: Die nur 90 Zentimeter hohe Schnitzfigur entstand um das Jahr 1760. Geschaffen hat diese mit viel Blattgold verzierte Ulrichsfigur im Rokokostil vermutlich der Dillinger Bildhauer Johann Michael Fischer.

Ein Epitaph und ein Gemälde in St. Ulrich und Martin erinnern seit dem 18. Jahrhundert an Gräfin Thietburga, Ulrichs Mutter. Ihr Ehemann war Graf Hupald – Ulrichs Vater.

Ein Gemälde und ein Grabstein – das Innere der Kirche erinnert auch an Ulrichs Mutter Thietburga

Ein hochformatiges Ganzkörperporträt, gemalt in der zweiten Hälfte des 18. Jahrhunderts, stellt Gräfin Thietburga, die Mutter des heiligen Ulrich, mit einem Buch dar. Im geschwungenen Schriftband über ihrem Kopf steht zu lesen: „St. Ulrichs Mutter Thietburga." Der Schöpfer des Gemäldes hat für dieses Motiv wohl ein Gemälde aus dem 15. Jahrhunderts kopiert. Vor der Chorstufe ist eine Grabplatte für Thietburga (auch: Dietpirch) eingelassen. Unter der Grabplatte sollen die sterblichen Überreste dreier Erwachsener und eines Kinds – wahrscheinlich Angehörige der Familie Bischof Ulrichs – liegen.

In Wittislingen erinnert tagtäglich zweimal ein nächtliches Glockengeläut an eine Ulrichslegende

Ulrich soll der Überlieferung nach in einem Haus nahe der Kirche geboren worden sein. Die Fassadenmalerei in einem Hausgiebel zeigt den Bischof, eine Inschrift sein Geburts- und Todesjahr. Weil Ulrich im dichten Donaunebel den Rückweg von Dillingen

Eine überlebensgroße Figur des heiligen Ulrich beim Hochaltar entstand Mitte des 18. Jahrhunderts. Aus dieser Zeit stammt auch die nur knapp einen Meter hohe Ulrichsfigur im Chor.

nur durch die Wittislinger Glocke gefunden haben soll, erklingen dort bis heute die Kirchenglocken – täglich um 21 und 2 Uhr.

Auch eine Glasmalerei in einem der Fenster im Chor stellt wohl St. Ulrich dar. Eine Fassadenmalerei unweit der Kirche hält fest, dass Ulrich 890 in Wittislingen geboren worden sein soll.

Eine Skulptur Ulrichs von Augsburg entdeckt man in der Kirche des Klosters Maria Medingen unter der Westempore. Über diese Kirche erreicht man auch das Hochgrab der Margarete Ebner.

Im Kloster Maria Medingen erinnert St. Ulrich an den Gründer

Das Kloster Maria Medingen im Dorf Mödingen ist die Gründung eines Hupaldingers. Aus dieser Adelssippe stammt Bischof Ulrich. Folgerichtig ist der Heilige hier zu finden, wenn auch (buchstäblich) im Dunkeln.

„Die im Dunkeln sieht man nicht", hat Bert Brecht geschrieben. Damit, auch wenn er sicher nicht an St. Ulrich gedacht hat, ist der Platz einer Ulrichsfigur unter der Westempore der Klosterkirche Maria Medingen treffend beschrieben. Denn unter dieser Empore ist es derart finster, dass fast alle achtlos an der dort aufgestellten Heiligenfigur vorbeilaufen. Diese gefasste gotische Ulrichsfigur ist in diesem imposanten Sakralbau erwartbar: Als „eigentlicher Gründer" des einstigen Dominikanerinnen- und heutigen Franziskanerinnenklosters gilt Graf Hartmann IV. von Dillingen – wie St. Ulrich ein Hupaldinger. Die so imposante barocke Kirche Mariä Himmelfahrt wurde bis 1718 durch Dominikus Zimmermann neu errichtet. Zimmermann steht für höchste Qualität: Er erbaute das UNESCO-Welterbe Wieskirche.

Ab 1753 wurde die Ebnerkapelle an die Südseite der Klosterkirche in Mödingen angebaut. In der Kapelle verdeutlichen Bildtafeln das Wirken der Mystikerin Margarete Ebner.

Im Kloster Maria Medingen wird eine Mystikerin als Selige verehrt

Während die Figur des heiligen Ulrich in der Klosterkirche Mariä Himmelfahrt ein Schattendasein führt, steht das Hochgrab Margarete Ebners in der Ebnerkapelle im hellsten Licht – auch das buchstäblich. Denn das mittelalterliche Hochgrab der Mystikerin findet man in der lichtdurchfluteten barocken Kapelle, die an die Südseite der Klosterkirche angebaut ist. Im Licht – im übertragenen Sinne – steht die Ebnerkapelle ohnehin: Denn in der Regel pilgern Besucher dieser Kirche vorrangig wegen Margarete Ebner hierher.

Das Schicksal von Frauen im Mittelalter ist nur selten überliefert – außer sie waren Adelige oder sie besaßen eine hohe Stellung in der Kirche. Die um 1291 in Donauwörth geborene Margareta Ebner gehört zur zweiten Kategorie. Im Alter von 15 Jahren war sie in das Kloster Maria Medingen eingetreten. Von 1311 an erfuhr die (ab 1312 immer wieder unter Krankheiten leidende) Mystikerin Visionen: Sie gab an, von Christus angesprochen worden zu sein. Als Margarete Ebner 1351 in Mödingen verstarb, wurde sie wie eine Heilige verehrt. Die Inschrift ihres Hochgrabs in der Kapelle nennt sie „Selige".
Die offizielle Seligsprechung durch den Papst erfolgte 1979.

Das Dillinger Denkmal des heiligen Ulrich erinnert daran, dass die Stadt in seiner Lebensbeschreibung zum ersten Mal – als „castellum Dilinga" – schriftlich genannt wurde.

Dillingen – das Denkmal Ulrichs mitten im „Schwäbischen Rom"

In Dillingen a. d. Donau steht ein Ulrichsdenkmal. Es erinnert daran, dass die Donaustadt wegen des Bischofs aus dem Geschlecht der Hupaldinger erstmals schriftlich genannt wurde. Daran, dass ein anderer Hupaldinger – also ein Verwandter Bischof Ulrichs – als Stadtgründer gilt, erinnert hier auch das bischöfliche Schloss.

Schon seit 1910 steht das Ulrichsdenkmal auf dem Platz vor der Dillinger Studienkirche, dem St.-Ulrichs-Platz. Die monumentale Bronzefigur mit Mitra und Bischofsstab hat man dort auf eine hohe steinerne Säule gestellt, an der vier bronzene Medaillons an weitere Augsburger Bischöfe erinnern. Eines der Medaillons zeigt Bischof Hartmann V.: Er war der letzte der Hupaldinger, also jenes Wittislinger respektive Dillinger Grafengeschlechts, dem auch Bischof Ulrich entstammte. Der Text einer Plakette an diesem Denkmal klärt darüber auf, dass der Augsburger Bischof Ulrich (indirekt) für die erste schriftliche Nennung der Stadt hoch über der Donau verantwortlich war.

Die mittelalterliche Burg der Hupaldinger war die Keimzelle der Stadt. Aus dieser Burg entwickelte sich das bischöfliche Schloss. Dillingen wurde zur Nebenresidenz der Bischöfe von Augsburg.

In der „Vita Sancti Uodalrici“ wird erstmals das „castellum Dilinga“ erwähnt

Denn der Augsburger Dompropst Gerhard hatte in der von ihm von 982 bis 993 verfassten Lebensgeschichte des Heiligen („Vita Sancti Uodalrici") das „castellum Dilinga" erwähnt, wo Ulrich im Jahr 973 seinen Neffen Richwin besucht hatte. Um das Jahr 950 hatten die Hupaldinger – jene Adelssippe, der auch Bischof Ulrich entstammte – ihren Stammsitz vom nahen Wittislingen nach Dillingen und somit direkt an die Donau verlegt. Das in der „Vita Sancti Uodalrici" des Augsburger Dompropstes Gerhard aufgeführte „castellum" dürfte wohl der Ursprung des nachmaligen bischöflichen Schlosses gewesen sein. Die „Vita Sancti Uodalrici" Gerhards gilt als eine der fundiertesten Geschichtsquellen, die im 10. Jahrhundert verfasst wurden. Der Dompropst und Geschichtschreiber Gerhard war Ulrichs Kaplan gewesen.

Ein späterer Hupaldinger – Graf Hartmann IV. von Dillingen – gilt als der „eigentliche" Stadtgründer Dillingens. Der vorletzte der Grafen von Dillingen übereignete diese Stadt über einer Donaufurt 1258 dem weltlichen Territorium der Bischöfe von

An mittelalterlichen Bauteilen des Dillinger Schlosses – zum Beispiel auch am einstigen Bergfried der Burg der Grafen von Dillingen – sind die Buckelquadermauern auch nach etlichen Umbauten noch immer gut zu erkennen.

Augsburg, also dem Hochstift Augsburg. Graf Hartmann V., sein Sohn, wurde 1248 zum Bischof von Augsburg gewählt und 1256 geweiht. Unter Bischof Hartmann verlor das Hochstift Augsburg viel an Einfluss und Wirtschaftskraft: Es musste die Vogtei des Klosters Neresheim an die Grafen von Oettingen abgeben, die Vogtei des Hochstifts Augsburg übernahm 1276 das Reich. Vor allem aber verlor der Bischof damals die Rechte als Stadtherr von Augsburg, das nun von der Bischofs- zur Reichsstadt wurde. Die Bedeutung Dillingens wurde allerdings dadurch gesteigert, dass die Donaustadt zum Fluchtort und zur Nebenresidenz der Augsburger Bischöfe wurde, zumal Bischof Hartmann 1286 auch noch die letzten bei den Hupaldingern verliebenen Gebiete der Grafschaft Dillingen dem Hochstift vermachte.

Bischof Ulrich und die Hupaldinger sind folglich für Dillingen prägende Faktoren: Doch so häufig Ulrich und seine Familie in der Donaustadt auch zu sehen sind, so selten ist dies auf den ersten Blick so sichtbar wie am monumentalen Ulrichsdenkmal. Selbst der vielfach und vielerorts durch die Kunst verkörperte Bistumsheilige geht angesichts zahlreicher Kirchen und Klöster

Im Innenhof des Schlosses sieht man an der Fassade des Ostflügels das Hartmann-Denkmal. Es zeigt den Stadtgründer, Graf Hartmann IV., und seinen Sohn, Graf Hartmann V., Bischof von Augsburg, mit dem Baumodell der mittelalterlichen Burg.

sowie im Gewimmel von Heiligen in der immensen Fülle an Fresken, Gemälden, Plastiken und Reliefs im „Schwäbischen Rom" an der Donau beinahe unter. Längst nicht alles ist öffentlich zugänglich, längst nicht alles erschließt sich ohne vorheriges Einlesen oder eine sachkundige Führung. Etliches verbirgt sich – zunächst nicht sichtbar – hinter geschichtsträchtigen Mauern.

Der heilige Ulrich im Dillinger Bischofsschloss

Das gilt nicht zuletzt für das ehemalige bischöfliche Schloss, das zwar mitten in der Stadt liegt, letztlich aber doch ein abgeschlossener, isolierter Komplex ist, in dem heute ein Finanzamt residiert. Das Buckelmauerwerk an den Türmen und Mauern lässt zwar die Entstehung einer gemauerten Wehrburg in der ersten Hälfte des 12. Jahrhunderts erkennen. Doch die Anfänge der Burg liegen noch viel weiter zurück. Das frühere „castellum" wurde zum Schutz vor den Einfällen der magyarischen Reiterhorden errichtet, welche die Region beinahe sechs Jahrzehnte lang – von 899 bis zur Schlacht auf dem Lechfeld im Jahr 955 – plagten. Die Ufer entlang der Donau boten dem ungarischen

In der Kapelle des ehemaligen bischöflichen Schlosses findet man St. Ulrich als steinerne Skulptur neben dem monumentalen Epitaph des Augsburger Bischofs Marquard von Berg.

Reiterheer ein günstiges Einfallstor. In Schwaben errichtete man Wehrburgen wie die in Dillingen, um diesen Weg zu versperren. Dem insbesondere im 15. und 16. Jahrhundert mehrmals baulich veränderten und erweiterten ehemaligen bischöflichen Schloss merkt man die ursprüngliche Bestimmung als trutzige Festung trotz aller späterer Um- und Ausbauten noch immer an. Das Innere des Schlosses kann im Rahmen von Führungen besichtigt werden. Bei einer Führung im Schloss sieht man in der Schlosskapelle St. Johannes beiderseits des monumentalen Epitaphs für den 1591 verstorbenen Bischof Marquard von Berg jeweils eine Plastik der Bistumsheiligen Ulrich und Afra.

Die Ulrichskapelle im Schlossgarten

Ungeführt gelangt man in den Schlosshof. Dort erinnert das um 1485 entstandene Hartmann-Denkmal an der Fassade des Ostflügels an die Grafen von Dillingen. Unter einem Madonnenrelief stellt das Denkmal Graf Hartmann IV. und seinen Sohn – den Augsburger Bischof Hartmann V. – dar. Zwischen beiden Hupaldingern steht ein Baumodell der mittelalterlichen Burg. Dieses Modell lässt erkennen, dass die Burg, die erst später zum

In der Ulrichskapelle sieht man den heiligen Ulrich als farbenfrohes Tafelbild unter dem Bischofswappen. Ein Deckengemälde in einer Stuckkartusche zeigt ihn als Helfer der Kranken. Beide Malereien sind erst in den 1950er Jahren entstanden.

Wohnschloss umgebaut wurde, zu Zeiten der Hupaldinger allein aus dem Palas zwischen zwei gleich großen Bergfrieden bestand. Zugänglich ist auch der Schlossgarten. Dort kommt man an der äußersten südöstlichen Ecke der Vorburg und damit außerhalb der Wehrmauern zur Ulrichskapelle, die 1401 erstmals erwähnt

Im kleinen Schlossgarten steht die barocke Ulrichskapelle. Im Hintergrund ist der Zwiebelturm der Spitalkirche zu erkennen: Dort verkörpert eine barocke Figur den heiligen Ulrich.

In der Konkathedrale des Bistums Augsburg – der Dillinger Stadtpfarrkirche St. Peter – zeigt das Altarblatt des barocken Ulrichsaltars den Heiligen.

wurde. Im Inneren der barockisierten Kapelle stellt ein Tafelbild von 1957 den Heiligen sitzend dar. Das Deckengemälde von 1956 zeigt Ulrich in einer Stuckkartusche als Helfer der Kranken.

Bischof Ulrich in der Konkathedrale St. Peter

Nur ein paar Schritte vom Schloss entfernt steht die über Vorgängerbauten entstandene und 1628 geweihte Stadtpfarrkirche St. Peter. Sie ist die Konkathedrale, die neben dem Augsburger Dom zweite Bischofskirche des Bistums Augsburg. Wohl aus der Zeit um 1735 stammt der wenige Schritte vom Portal am Kirchplatz entfernte Ulrichsaltar am mittleren Wandpfeiler im Langhaus. Am Ulrichsaltar, der ursprünglich wohl im bischöflichen Schloss stand, porträtiert das Altargemälde den heiligen Ulrich von Augsburg als Halbfigur. Eine kleine silberne Büste vor dem Altarblatt verkörpert die Bistumspatronin Afra.

Auch an der Decke über einer nördlichen Abseite – hoch über dem Langhaus von St. Peter – zeigt ein barockes Fresko in einer Stuckkartusche den heiligen Ulrich. Ulrich wird mit Brustkreuz, Bischofsstab und Mitra dargestellt. Ein Putto im Gewölk neben

In St. Peter ist Bischof Ulrich von Augsburg auf einem Fresko in einer Stuckkartusche über einer der nördlichen Abseiten in der barockisierten Kirche zu sehen. Ein Putto hält seinen Fisch.

dem Heiligen hält Ulrichs Fisch. Die Schriftkartusche bei diesem Deckenfresko verweist auf den heiliggesprochenen Bischof von Augsburg: „SANCTUS UDALRICUS EPISCOPUS AUGUSTANUS".

Der Fisch, ein Attribut des heiligen Ulrich, ziert auch das Portal von St. Peter am Kirchplatz – ein Hinweis auf den Bischof?

Im barocken Deckenfresko der Dillinger Studienkirche entdeckt man Bischof Ulrich von Augsburg im Gewimmel der Heiligen an der Seite des Ottonenkaisers Heinrich II.

St. Ulrich in der Studienkirche Mariä Himmelfahrt

Der zweite bedeutende Sakralbau in der einstigen bischöflichen Residenzstadt ist die frühere Jesuitenkirche Mariä Himmelfahrt (Kardinal-von-Waldburg-Straße). Das Deckenfresko in der sogenannten Studienkirche zeigt Maria als Himmelskönigin im Kreis von Propheten, Patriarchen, Aposteln und Heiligen. Wer genau hinsieht, entdeckt in diesem Theatrum sacrum – dem in der Zeit des Barocks und des Rokokos so häufig eingesetzten Stilmittel eines „heiligen Theaters" – St. Ulrich neben dem 1146 heiliggesprochenen Heinrich II. Dieser letzte römisch-deutsche Kaiser aus dem Geschlecht der Ottonen ist ein heute eher kritisch gesehener Heiliger. An seiner Seite sitzt Papst Gregor „der Große".

Ein barockes Theatrum sacrum findet man in vergleichbarer Form auch im Deckenfresko der benachbarten Klosterkirche der Dillinger Franziskanerinnen. Dort entdeckt man die Hupaldinger Hartmann IV. und Hartmann V. nämlich nicht nur – zu beiden Seiten eines Hupaldinger-Wappens – in einer Kartusche an der Fassade. Sie sind auch im Deckenfresko in der Kirche dargestellt: Der Augsburger Christoph Thomas Scheffler schuf um 1740

Auch im Gebäudekomplex der Akademie für Lehrerfortbildung und Personalführung findet man den heiligen Ulrich in einer Glasmalerei aus dem Jahr 1930. Das Motiv des Fensters zeigt die sogenannte Ulrichsmesse: Über dem Haupt des (altersschwachen und kranken) Bischofs sieht man die segnende Hand Gottes.

auch dort ein „Wimmelbild": Darin hielt er Ereignisse aus der Klostergeschichte fest. Die dort abgebildeten Hupaldinger, zwei Angehörige jener Adelssippe, der auch der Augsburger Bischof Ulrich entstammte, sind der Überlieferung nach die Gründer des Dillinger Klosters.

Darüber hinaus stößt man in dieser Stadt auf Schritt und Tritt auf Bischof Ulrich – in Form von Baudenkmälern, Kunstwerken und Namensgebungen. Das ehemalige Knabenseminar St. Ulrich (St.-Ulrichs-Platz 3) ist der Sitz des Amtsgerichts Dillingen a.d. Donau. Aus dem ehemaligen Dominikanerinnenkloster St. Ulrich wurde später die Mädchenschule St. Joseph (Klosterstraße 3).

Eine große steinerne Hausfigur verkörpert St. Ulrich hoch oben am Giebel des Hauses Königstraße 22. Dieses Gebäude im Stadtzentrum von Dillingen a.d. Donau wurde erst im Jahr 1925 errichtet.

Die farbig gefasste Schnitzfigur eines Bischofs in der Dillinger Spitalkirche Heilig Geist soll wohl St. Ulrich darstellen.

Bischof Ulrich in der Spitalkirche Heilig Geist

Außerhalb des Altstadtkerns, in der Spitalkirche Heilig Geist (Am Stadtberg 17), entdeckt man an einer Wand beim Choraltar eine farbig gefasste Schnitzfigur, die wohl St. Ulrich verkörpert. Sie erinnert auch daran, dass dieses Spital von den Dillinger Grafen Hartmann IV. und Hartmann V. gegründet worden ist. Die kleine Spitalkirche ist über das angrenzende Seniorenheim zugänglich.

Ein Kirchenzentrum und der St.-Ulrichs-Preis

Am Dillinger Bischof-Hartmann-Ring liegt das Kirchenzentrum St. Ulrich der Pfarreiengemeinschaft Dillingen, der St. Peter sowie die Pfarrgemeinden in den Dillinger Stadtteilen Hausen, Schretzheim und Donaualtheim angehören. In der im Inneren futuristisch wirkenden Kirche St. Ulrich entdeckt man auch eine moderne Plastik, die den Namenspatron verkörpert.

Wie eng sich Dillingen mit Bischof Ulrich verbunden fühlt, zeigt die im tausendsten Jahr seiner Heiligsprechung vom Landkreis und von der Stadt Dillingen a.d. Donau gegründete Europäische St.-Ulrichs-Stiftung. Ihr Stiftungszweck ist „die Förderung der

Hochmoderne Innenarchitektur kennzeichnet das Gotteshaus des Kirchenzentrums St. Ulrich, die dortige Kirche St. Ulrich.

Einheit Europas in christlich-abendländischer Tradition und im Geiste des heiligen Ulrich." Der Europäische St.-Ulrichs-Preis wird seit 1993 an Einzelpersonen, Initiativen und Institutionen aus Politik und Kirche, Wissenschaft und Wirtschaft verliehen.

Eine zeitgenössische Plastik in der Kirche St. Ulrich verkörpert im Kirchenzentrum den Namensgeber und Bistumspatron.

Eine Kartusche an der Westfassade der Franziskanerinnenklosterkirche Mariä Himmelfahrt zeigt Graf Hartmann IV. und Graf Hartmann V. – Bischof von Augsburg – als Klosterstifter.

Ulrichs Familie – die Hupaldinger: Klosterstifter in und bei Dillingen

Bischof Ulrich von Augsburg stammte aus dem Geschlecht der Hupaldinger – der Grafen von Dillingen. Diese Hupaldinger taten sich Mitte des 13. Jahrhunderts auch als Klostergründer hervor. Der Überlieferung nach stifteten Graf Hartmann IV. und sein Sohn – Hartmann V., der Bischof von Augsburg – das bis heute bestehende Dillinger Franziskanerinnenkloster. Eine Schenkung von 1241 ist urkundlich belegt. An der Westfassade der Klosterkirche Mariä Himmelfahrt sind die beiden Hupaldinger in einem Fresko abgebildet. Auch das Theatrum sacrum im Deckenfresko in dieser Kirche zeigt in einer der Szenen aus der Klostergeschichte die beiden Klostergründer mit einem Baumodell und mit dem Hupaldingerwappen. In Dillingen erinnert zudem eines der Bronzemedaillons an der Ulrichssäule am Ulrichsplatz an Bischof Hartmann V. Sein Vater, Hartmann IV., soll der Überlieferung nach 1246 das nahe Kloster Maria Medingen (wieder-)gegründet haben.

Das Grabmal eines Hupaldingers im Dom

Ein Grabmal im südlichen Seitenschiff des Augsburger Doms erinnert ebenfalls an den Bischof aus dem Geschlecht der Hupaldinger. Er ist dort mit dem Modell der romanischen

Am Ulrichsdenkmal auf dem Dillinger Ulrichsplatz zeigt eines der Bronzemedaillons das Porträt und den Namen des Hupaldingers Hartmann V. Er war Bischof von Augsburg.

Augsburger Bischofskirche zu finden. Früher ging man davon aus, dass das Baumodell die Dillinger Burg zeigt. Die neuere Forschung geht davon aus, dass es sich um den Dom handelt.

Eine der Szenen im Deckenfresko der Dillinger Franziskanerinnenklosterkirche stellt zwei Hupaldinger und ihr Wappen (ein blaues Wappenschild mit weißem Balken) als Stifter dar.

In der prächtig ausgestatteten Kirche im Dillinger Stadtteil Kicklingen geht die kleine hölzerne Büste des heiligen Ulrich hoch oben an einer der Wände dieser Kirche beinahe unter.

Kicklingen: ein schlichter Ulrich in einer prachtvollen „Mozartkirche"

„Unsere Liebe Frau im Moos" im dörflichen Dillinger Stadtteil Kicklingen erinnert an den Baumeister Hans Georg Mozart. In der barocken Ausstattung dieser Pfarr- und Wallfahrtskirche findet man den heiligen Ulrich eher unspektakulär: Eine kleine Holzbüste, geschnitzt in der Zeit um 1500, verkörpert ihn hoch oben an einer Wand.

In Kirchen in den Dillinger Stadtteilen kann man sich fast darauf verlassen, dass man irgendwie auf St. Ulrich stößt. Die Nähe zur Residenzstadt hat die Ulrichsverehrung dort überall aufblühen lassen. Im Gegensatz zu anderen Kirchen ist die Wallfahrtskirche „Unsere Liebe Frau im Moos" in aller Regel zugänglich. Sie wird des Öfteren deshalb besichtigt, weil einer der am Kirchenbau beteiligten Baumeister Hans Georg Mozart war, ein Augsburger Vorfahre W. A. Mozarts. Die barocke Pracht der Dorfkirche lässt sich nur durch die Nähe zur bischöflichen Residenz erklären. Der heilige Ulrich wird hier relativ unspektakulär durch eine ungefasste hölzerne Reliefbüste hoch oben an der Wand verkörpert.

In der Kirche St. Blasius im Dillinger Stadtteil Fristingen sind St. Ulrich und der Fisch am prachtvollen Barockaltar zu sehen. Der Schutzpatron bei Wassergefahren sowie sein Fisch als das Bild für das Wasser erinnern in diesem Dorf im Donautal an die traumatischen Ereignisse des Jahres 1784.

In Fristingen zeigen zwei Heilige die Furcht vor dem Hochwasser

Im dörflichen Dillinger Stadtteil Fristingen findet man St. Ulrich mit seinem Fisch unübersehbar durch eine Figur am Hochaltar der Kirche St. Blasius verkörpert. In diesem Dorf hat St. Ulrich als Schutzpatron bei Wassergefahr eine noch tiefergehendere Bedeutung als anderswo. Bis heute begeht Fristingen sein Wasserfest, das an ein Donauhochwasser von 1784 erinnert. Die Fluten erreichten damals sogar das Innere der Kirche.

Der heutige Dillinger Stadtteil Fristingen ist nur ein Dörfchen mit etwas mehr als 700 Einwohnern. Die dortige, 1746/47 errichtete barocke Kirche St. Blasius ist ein ziemlich imposanter Sakralbau, der 1912/13 auch noch nach Westen erweitert wurde. Ein anderer Grund als der Einfluss der nur fünfeinhalb Kilometer entfernten ehemaligen bischöflichen Residenz in Dillingen lässt sich als Erklärung für das derart augenfällige Missverhältnis von

Ortsgröße und Kirchenbau sowie der Innenausstattung kaum finden. Augenfällig ist auch die Bedeutung von St. Ulrich, den eine der zwei Figuren am Altar der prächtig dekorierten Kirche verkörpert. Die mit viel Blattgold gefasste Figur im Rokokostil hält hier ihren Fisch frei (ohne die „Unterlage" des Evangelienbuchs) in der rechten Hand. Auch sein Pendant, die Figur an der anderen Seite des Hochaltars, hat mit Wasser zu tun: Der heilige Johannes Nepomuk – unter anderem der Patron der Schiffer, Flößer und Müller – wurde nicht nur als Beschützer der Brücken angerufen. Auch er galt als Patron bei Wassergefahren. Diese doppelte Betonung der Beziehung zwischen Fristingen und dem Wasser leuchtet ein: Denn die Donau hatte man in diesem Dorf stets zu fürchten. Wenige Jahrzehnte nach der Entstehung des dortigen Altars und seiner Figuren sollte ein schlimmes Hochwasser sogar die Altarstufen in der Fristinger Kirche umspülen.

Das Wasserfest von Fristingen erinnert an die Hochwasser der Donau

Es war ein traumatisches Ereignis, das sich tief ins kollektive Gedächtnis des Dorfes Fristingen eingegraben hat. Nachdem das katastrophale Donauhochwasser vom Februar 1784 überstanden war, setzte Pfarrer Engelbert Echerer schon 1785 für „ewige Zeiten" das sogenannte Wasserfest ein. Seinerzeit wurde am Jahrestag dieser Überschwemmung zehn Stunden lang gebetet, um dafür zu danken, dass das grausame Hochwasser nicht noch größere Schäden angerichtet hatte.

Die überlieferten Schäden waren groß genug, um sich auch weiterhin vor den Hochwassern der Donau zu fürchten. Denn während heute – in den Zeiten des Klimawandels – schnee- und regenarme Winter Sorge bereiten, lagen die Verhältnisse damals anders. Entlang der Donau waren die Böden so von Wasser durchtränkt, dass sich dort, wo sich nun Wiesen und fruchtbare Äcker erstrecken, weite Sümpfe ausdehnten. Am 4. Januar 1784 wurden die ohnehin nassen Donauauen von einem Hochwasser derart überschwemmt, dass das Donautal bei Fristingen zur Seenplatte wurde: Die Fluten der Donau erreichten auch das Dorf selbst. Auf die Überschwemmung

Die Donau bei Gremheim, rund 14 Kilometer flussabwärts von Fristingen: Bis zur Gewässerkorrektion, die an der Donau im 19. Jahrhundert begann, wurden die Dörfer im Donautal bei Dillingen oft von Hochwassern geschädigt.

folgte eisige Kälte. Zur Messe am Dreikönigstag mussten die Dorfbewohner über das gefrorene Wasser in die Kirche gehen. Überliefert ist, dass der Fristinger Pfarrer angeblich vor dem Altar auf blankem Eis stand. Auf den Frost folgte dann starker Schneefall. Als am 26. Februar 1784 plötzlich Tauwetter einsetzte, drang das Wasser – so ein Chronist – „mit großem Rauschen erneut in das Dorf, füllte die Keller und kam bei den Türen und Kreuzstöcken herein". Das Vieh in den Ställen habe in Panik gebrüllt. Die Menschen versuchten, sich auf Dachböden ins Trockene zu retten. Als das Wasser noch weiter stieg, musste das Vieh auf Heu- und Strohböden in den Ställen und Scheunen gebracht werden. Eine Schafherde versank in den Fluten. Die Rösser standen im Wasser: Ihr Futter bestand in diesen Tagen aus Heu und Reisig, das man in das Wasser warf. Als das Hochwasser ab dem ersten Märztag dann endlich zurückging, beklagten die Fristinger, so der Chronist, den Verlust von insgesamt 368 Stück Vieh – Kühe, Schafe und Fohlen. Eine Schustersfrau soll ohne jede fremde Hilfe auf einem Dachboden entbunden haben. Die Mutter und das Neugeborene sowie alle anderen Fristinger waren erst gerettet, als zwei Hilfsschiffe das Dorf erreichten. Die Evakuierten wurden in höher gelegene Ortschaften, nach Eppisburg, Holzheim und Weisingen, gebracht.

In der Kirche von Donaualtheim stellt ein äußerst qualitätvolles Porträt aus der Zeit des Rokokos Bischof Ulrich von Augsburg in einer Kartusche über der Sakristeitüre der Kirche St. Vitus dar.

In Donaualtheim und Hausen: St. Ulrich mal gemalt, mal aus Glas

In der Vituskirche in Donaualtheim, einem Stadtteil von Dillingen a. d. Donau, entdeckt man ein ungewöhnlich fein gemaltes Porträt Bischof Ulrichs. Im Nachbarstadtteil Hausen stellt ein Glasfenster den Heiligen dar.

Bis zur Säkularisation gehörte das Dorf Donaualtheim dem Hochstift Augsburg. Heute ist es ein ländlich gebliebener Stadtteil von Dillingen a. d. Donau. Der quadratische Unterbau des Kirchturms von St. Vitus besteht dort (ähnlich wie es auch in Wittislingen der Fall ist) aus dem Mauerstumpf eines Bergfrieds der Burg einer ehemaligen Ortsherrschaft – hier der Herren von Altheim. Den Kirchturm krönt ein für das Donautal sehr ungewöhnlicher doppelter und außergewöhnlich hoher Zwiebelturm. Ein äußerst fein gemaltes Fresko in einer Bildkartusche über der Tür zur Sakristei von St. Vitus zeigt das Porträt St. Ulrichs. Eine Glasmalerei stellt den heiligen Ulrich zudem in der Kirche St. Peter und Paul im nur zwei Kilometer entfernten Dillinger Stadtteil Hausen im Kirchenfenster dar – dort neben St. Afra.

Eine große Figur des heiligen Ulrich entdeckt man neben dem Hochaltarblatt der Zusamaltheimer Pfarrkirche St. Martin.

Zusamaltheim: die bärtige Figur des heiligen Ulrich am Hochaltar

In der überraschend großen Kirche des Dörfchens Zusamaltheim verkörpert eine mit viel Blattgold gefasste Skulptur Bischof Ulrich zwischen zwei Altarsäulen.

Rund 13 Kilometer östlich von Dillingen, aber nur noch etwas mehr als fünf Kilometer südlich von Wertingen und damit schon knapp außerhalb des Donaurieds, liegt Zusamaltheim über dem Tal des namensgebenden Flüsschens. Als Dorf in der Herrschaft Bocksberg kam Zusamaltheim 1504 in den Besitz des Hochstifts Augsburg. Dies erklärt (zum Teil), wieso man in einem Dorf mit circa 1200 Einwohnern mit der Kirche St. Martin ein ungewöhnlich großes Gotteshaus mit einem bis ins Chorgewölbe hinaufreichenden Hochaltar und zwei großen Seitenaltären (von 1805, aber doch noch sehr nah am Stil des Barocks gestaltet) findet. Zwischen zwei marmorierten Säulen neben dem Hochaltarblatt steht hier eine wohl zeitgleich mit den Altären entstandene große Skulptur, die den heiligen Ulrich mit langem Rauschebart verkörpert. Sein Pendant auf der anderen Seite das Hochaltars ist auch hier die Bistumsheilige Afra.

1957 – bald nach dem Ulrichsjahr anlässlich des tausendsten Jahrestags der Schlacht auf dem Lechfeld von 955 – entstand das Deckenfresko in der Wertinger Stadtpfarrkirche St. Martin. Es stellt Bischof Ulrich vor den Türmen von Augsburg dar.

Wertingen: die Lechfeldschlacht im Deckenfresko von St. Martin

Es war die Zeit des „Kalten Kriegs". Im Ulrichsjahr 1955 anlässlich des tausendsten Jahrestags der Schlacht auf dem Lechfeld wurde Ulrichs „Wehrhaftigkeit" betont. Zwei Jahre später bekam die Wertinger Stadtpfarrkirche ein Deckenfresko: Es zeigt Bischof Ulrich in der Schlacht.

Die Kirche St. Martin im Zentrum der Stadt Wertingen ist auch deshalb bemerkenswert, weil sich in ihrer Baugeschichte die Geschichte dieser Stadt widerspiegelt. Die außergewöhnliche Form der Kirchtürme ist kaum zu übersehen. In der Kirche sticht die üppige reinweiße Stuckdekoration von 1705 ins Auge. Auch der größere Teil der Innenausstattung entstand im 18. Jahrhundert. Das Langhausfresko, das Ulrich in der Lechfeldschlacht östlich von Augsburg darstellt, schuf der Maler Franz Klemmer 1957. Auffällig ist: Einschlägige Führer zu Kunstdenkmälern und auch eine in der Kirche ausgelegte Broschüre nennen zwar den Maler und das Entstehungsjahr. Das Bildmotiv aber bleibt unerwähnt.

Eine Szene der Lechfeldschlacht am Ulrichsaltar in Buchdorf zeigt Augsburg mit Bauwerken, die erst Jahrhunderte nach Bischof Ulrich entstanden sind – ein Fehler, der in fast allen Darstellungen der Schlacht von 955 auffällt.

Die Schlacht auf dem Lechfeld – meist vor der Renaissancestadt Augsburg

Wie die Seeschlacht von Lepanto wurde auch die Schlacht auf dem Lechfeld in den Kirchen thematisiert und mythisiert. Beide wurden als Abwehrkampf des christlichen Abendlands gegen das Heidentum des Ostens verstanden. Häufig zeigten die Maler in ihren Schlachtenszenen Augsburg als Hintergrundmotiv. Dabei unterlief ihnen immer wieder der gleiche Fehler: Vorbilder für all diese Veduten waren Stiche. Solche Stadtansichten druckte man im auch „Bilderfabrik Europas" genannten Augsburg zwar en masse. Sie alle zeigten aber ein Stadtbild, das erst bis 1620 durch den Rathaus-Neubau und den aufgestockten Perlachturm entstanden war. Darum sieht man die mittelalterliche Ungarnschlacht von 955 fast überall vor der Silhouette der Renaissancestadt Augsburg von 1620.

Auch das Deckenfresko der Ulrichskirche in Pinswang zeigt die Schlacht auf dem Lechfeld bei Augsburg mit Türmen, die lange nach dem Jahr 955 errichtet wurden.

Das Fresko in einer Kartusche an der Nordwand über der Orgel-empore von St. Ulrich und Johannes Baptist in Schwenningen zeigt zwei Szenen aus dem Fischwunder des heiligen Ulrich.

Schwenningen: eine Kirche als „Bilderbuch“ der Heiligenlegenden

Am Rand des Donaurieds, unweit von Dillingen, ist die barocke Pfarrkirche St. Ulrich und Johannes Baptist im Dörfchen Schwenningen ein bilderreiches Beispiel für die Ulrichsverehrung im Donautal. Barocke Fresken stellen hier mehrere Szenen aus der Ulrichslegende dar.

Die regional besonders intensive Ulrichsverehrung im Donautal nahe der bischöflichen Stadt Dillingen zeigt sich exemplarisch im Dörfchen Schwenningen. Bis ins 13. Jahrhundert waren dort die Grafen von Dillingen die Grund- und Gerichtsherren gewesen: Angehörige des Geschlechts der Hupaldinger also, dem auch Bischof Ulrich von Augsburg entstammte. Diese räumliche Nähe und solche ortsgeschichtlichen Bezüge dürften dazu beigetragen haben, dass in der nur rund 15 Kilometer östlich vom Dillinger Stadtzentrum gelegenen Pfarrkirche St. Ulrich und Johannes Baptist in Schwenningen gleich mehrere Szene aus der Heiligenlegende St. Ulrichs beinahe bilderbuchartig von Fresken in vier Stuckkartuschen an der Nordwand des Langhauses dargestellt

Ein Detail aus dem Motiv des Fischwunders: Der Fisch sorgt beim Boten und beim Bayernherzog für ungläubiges Staunen.

werden. Über der Orgelempore – also im Westen – hat der Hofmaler Augustin Laur 1726 in einer raffinierten Bildkomposition das Fischwunder des heiligen Ulrich durch zwei Szenen dargestellt. Im Vordergrund sitzen Bischof Ulrich und Bischof Konrad

Das zweite Fresko an der nördlichen Langhauswand zeigt Ulrich in der Ungarnschlacht. Ein Engel reicht ihm das Ulrichskreuz.

Das dritte Fresko an der nördlichen Langhauswand zeigt, wie Ulrich einem Toten das Leben zurückgibt und die Unschuld einer angeblichen, zu den Hunden verstoßenen Ehebrecherin beweist.

von Konstanz angeregt gestikulierend im Gespräch an einem Tisch, auf dem in einem Teller ein noch nicht verzehrtes Gänsebein vom Nachtmahl liegt. Im Hintergrund hat der Maler – in

Das vierte Fresko an der nördlichen Langhauswand zeigt die Ulrichsmesse. Dem Bischof erscheint die segnende Hand Gottes.

Im Deckenfresko der Schwenninger Pfarrkirche sind die Heiligen Ulrich und Sebastian als Fürbitter des (unter dem Gewölk angedeuteten) Dorfs vor der heiligen Dreifaltigkeit zu erkennen.

perspektivischer Verkleinerung – jenen Moment festgehalten, in dem der Bote des Herzogs von Bayern seinem Herrn das (vermeintlich fastenbrechende) Gänsebein vom Tisch Bischof Ulrichs übergeben will, stattdessen aber völlig verdutzt anstelle des von Ulrich mitgegebenen Fleisches einen Fisch in der Hand hält.

Hoch oben an der nördlichen Langhauswand folgen (von West nach Ost) drei Kartuschen, deren Malereien weitere Kapitel aus der Vita respektive aus der Heiligenlegende Bischof Ulrichs von Augsburg abbilden. Sie zeigen Ulrich im Getümmel der Schlacht auf dem Lechfeld und dort jenen Moment, in dem ihm ein Engel aus dem Gewölk über der Schlacht das Ulrichskreuz überreicht. Ein Gewappneter hinter Ulrich trägt zwar einen Fürstenhut – er verkörpert aber König Otto I. „den Großen". Dem Maler ist es gelungen, in der dicht gedrängten Szene sogar noch den Lech als Ort des Kampfgeschehens anzudeuten. Die nächste Kartusche an der Nordwand erzählt die skurrile Legende einer zu Unrecht des Ehebruchs bezichtigten Gräfin, die den Kopf ihres enthaupteten (angeblichen) Geliebten um den Hals tragen muss – und die von ihrem Mann zu den (im Fresko abgebildeten) Hunden verstoßen wird. Bischof Ulrich rettet ihre Ehre dadurch, dass er das Haupt

Die barocke Schnitzfigur eines Bischofs – mit Mitra und Bischofsstab, allerdings ohne seine spezifischen Attribute – an der nördlichen Chrorwand der Schwenninger Pfarrkirche St. Ulrich und Johannes Baptist dürfte wahrscheinlich ebenfalls den heiligen Ulrich verkörpern.

des Geköpften zum Reden bringt, der ihre Unschuld bezeugt. Den Enthaupteten hat der Bischof wieder heil ins Leben zurückgeholt.

Das vierte und letzte Fresko an der Nordwand stellt die Ulrichsmesse dar. Aus einem Strahlenschleier über dem Altar erscheint Ulrich die segnende Hand Gottes, die jedoch allein der Bischof sieht. Der Maler vermittelte dies demonstrativ dadurch, dass er Ulrichs Diakone in die entgegengesetzte Richtung blicken lässt.

Die Fresken an der Südwand bilden Szenen aus der Legende des heiligen Sebastian ab. Das zentrale Deckenfresko im Langhaus stellt die Heiligen Ulrich und Sebastian als Fürbitter des Dorfs vor der Dreifaltigkeit dar. Die Schwenninger Fresken sind weit weniger wegen der künstlerischen Qualität als vielmehr wegen ihrer Originalität bemerkenswert. Die eher grob ausgeführten, aber klaren Konturen der Dargestellten ähneln in ihrer Art fast einem Comicstrip. Dem Maler ist es dadurch gelungen, mit einfachsten Mitteln selbst etwas so schwer Darstellbares wie den überraschten Gesichtsausdruck des Bayernherzogs und des Boten im Motiv des Fischwunders glaubwürdig zu vermitteln.

An der nördlichen Chorwand der Kirche sieht man eine barocke Schnitzfigur. Sie stellt einen Bischof ohne spezifische Attribute dar. Die Figur verkörpert aber sehr wahrscheinlich Bischof Ulrich.

Eine barocke Skulptur verkörpert den heiligen Ulrich auch am Hochaltar der Kirche Mariä Himmelfahrt in Donaumünster.

In Donaumünster – der Patron bei Wassergefahren am Ufer der Donau

In Donaumünster erinnern eine Figur in der Kirche Mariä Himmelfahrt und ein Bildstock an St. Ulrich. Eine Legende handelt vom Ulrichsbrunnen am Ulrichsberg.

Die Kirche Mariä Himmelfahrt in Donaumünster zieren barocke Skulpturen der Heiligen St. Ulrich und Afra vor den Säulen des um 1735 errichteten Hochaltars. Die Ulrichsverehrung im Ort hat mehrere Ursachen: Die einstige Nebenresidenz der Augsburger Bischöfe in Dillingen lag nur 20 Kilometer entfernt. Ab 1365 gehörte das Dorf dem Kloster Heilig Kreuz in Donauwörth: Die ausgeprägte Ulrichsverehrung verrät dort der Hochaltar der einstigen Benediktinerklosterkirche. Langhaus, Turm und Chor der Kirche von Donaumünster wurden im 18. Jahrhundert unter Äbten von Heilig Kreuz erbaut. St. Ulrich, Schutzpatron bei Wassergefahren, wurde in Donaumünster wohl oft angerufen: Dem Dorf drohte häufig Hochwasser. Eine Ortslegende erzählt vom Ulrichsbrunnen am Ulrichsberg: Ulrich habe dort mit seinem Bischofsstab eine Quelle entspringen lassen. Nahe beim Abzweig der Ulrichsbergstraße von der Hauptstraße steht ein Bildstock mit Ulrichsfigur.

Im Chor des gotischen Donauwörther Liebfrauenmünsters findet man die Bistumspatrone Ulrich und Afra: Die Wandmalereien bezeugen das erste Patrozinium dieser 1467 geweihten Kirche.

Bischof Ulrich in Donauwörth – im Frauenmünster und in Heilig Kreuz

Wo Wasser, Hochwassergefahren und Fischerei wichtig waren, war St. Ulrich ein gefragter Schutzpatron. Das gilt auch und ganz besonders für Donauwörth, wo der Bischof von Augsburg in den beiden großen Kirchen der Stadt – in der Stadtpfarrkirche Zu unserer Lieben Frau und in der Klosterkirche Heilig Kreuz – zu finden ist.

Als Schutzpatron vor Hochwassergefahren, der Fischer und der Fischhändler, der Reisenden und der Winzer konnte der heilige Ulrich kaum irgendwo größere Verehrung finden als in der aus einer Fischersiedlung entstandenen Donaustadt Donauwörth. Denn die oft von Hochwassern geplagten tiefer gelegenen Teile der Stadt wurden hier nicht nur von der Donau überflutet. Die Wörnitz (in die im Stadtgebiet auch noch der kleine Kaibach mündet), die Schmutter und die Zusam, die alle bei Donauwörth im großen Strom aufgehen, sorgten hier immer wieder für Überschwemmungen. Als Schutzpatron der Reisenden spielte der Heilige an der stark frequentierten, lange Zeit einzigen Donau-

Am Hochaltar in der Benediktinerklosterkirche Heilig Kreuz ist St. Ulrich als Seitenfigur zu sehen. In Klöstern der Benediktiner war die Ulrichsverehrung in der Regel stark ausgeprägt.

brücke zwischen Ulm und Regensburg ebenso eine wichtige Rolle wie als Schutzpatron der Fischer und Winzer. Denn die Fischerei an Donau und Wörnitz war hier ein wichtiges Gewerbe. Dem Weinanbau auf den Südhängen über der Donau bereitete erst die Kleine Eiszeit gegen Mitte des 16. Jahrhunderts ein Ende.

Die ersten Herren von Werd – Verwandte Ulrichs?

Es ist außerdem nicht auszuschließen, dass die Entstehung von Donauwörth mit der Familie Bischof Ulrichs – den Hupaldingern und dadurch mit den Grafen von Dillingen – zusammenhängt. Wenn es auch für diesen Zusammenhang keinen schriftlichen Beleg gibt – Indizien, die für diese These sprechen, existieren doch etliche. Ein Chronist hat überliefert, dass ein Graf Dietpald von Dillingen um 950 im Auftrag König Ottos I. eine Festung und eine hölzerne Donaubrücke in Werd (das heutige Donauwörth) erbaut habe. Sollte jener Dietpald der 955 bei der Verteidigung von Augsburg gefallene Bruder Bischof Ulrichs gewesen sein? Wie an der Donau in Dillingen entstand also auch in Werd eine Burg, die der Bewachung eines Donauübergangs diente. Diese Burg auf einem hohen Felsen im Mündungsdreieck von

Der Blick vom Schellenberg über Donauwörth zeigt, wie nah beieinander das gotische Liebfrauenmünster und die barocke Heilig-Kreuz-Kirche liegen. In beiden Hauptkirchen dieser Donaustadt finden sich Spuren der Ulrichsverehrung.

Wörnitz und Kaibach wurde später Burg Mangoldstein genannt. Ihre Namensgeber waren die vier Mangolde von Werd, die von etwa 1030 an bis zum Tod Mangolds IV. im Jahr 1148 die Herren dieser Siedlung waren, die um 1218 zur Stadt wurde. Ein Aribo von Werd, Ahnherr dieser vier Donawörther Mangolde, muss jedoch wohl schon um 973 (dem Todesjahr Bischof Ulrichs) oder wenig später das Markt-, Zoll- und Münzrecht erhalten haben. Nicht nur der Name Dietpald, sondern auch der Name Man(e)-gold könnte ein Hinweis auf das Geschlecht Bischof Ulrichs sein.

Bischof Ulrichs Brüder – Dietpald und Manegold

In seiner Lebensbeschreibung des Heiligen hat der Augsburger Dompropst Gerhard überliefert, dass St. Ulrich seine Jugend am Stammsitz der Hupaldinger in Wittislingen verbracht habe – und zwar gemeinsam mit zwei Schwestern, seinem Bruder Dietpald und seinem Bruder Manegold. Alles nur eine zufällige Namensgleichheit? Durch Quellen seien die früher als sicher angenommenen verwandtschaftlichen Bande der Mangolde von Werd und der Grafen von Dillingen bislang nicht zu belegen, betont auch die „Deutschen Biographie" (www.deutsche-biographie.de). Ausschließlich die Überlieferung stütze diese Vermutung. Doch das Online-Portal für Geschichte räumt immerhin ein: Eine familiäre Verknüpfung mit dem Donauwörther Geschlecht der Mangolde zur Herrschaftssicherung im nordschwäbischen Raum müsste durchaus im Sinne der Grafen von Dillingen gewesen sein.

Und auch das könnte ein Indiz sein: Als Ulrichs Neffe Richwin, der Graf von Dillingen, sein Ende nahen fühlte, schenkte er kurz vor seinem Tod im Jahr 973 dem Kloster Heilig Kreuz auf dem

Mangoldstein je einen Hof in Werd, Riedlingen und Dittelspoint sowie den Seibertsweilerhof. Das Kloster wurde von Mangolds Schwester Irmentraut geleitet: Sollten die verwandtschaftlichen Bande das Motiv auch dieser Schenkung gewesen sein?

Von der Ulrichskapelle zum Liebfrauenmünster

Noch etwas spricht für die „Hupaldingerthese“: Um 1044 ließ Mangold I. von Werd eine Ulrichskapelle bauen, die um das Jahr 1100 zur Pfarrkirche St. Ulrich und Afra wurde. Nach ihrem Abbruch entstand ab 1444 der massige gotische Backsteinbau des Liebfrauenmünsters. Als man die Kirche 1467 weihte, erhielt sie das Patrozinium Maria, St. Ulrich und St. Afra. Die Patrozinien St. Ulrich und Afra gerieten im Laufe der Jahrhunderte offenbar außer Gebrauch. Zwei Fresken im Chor des Liebfrauenmünsters stellen jedoch die Bistumspatrone St. Ulrich und Afra dar. Diese gotischen Wandmalereien waren wohl 1449 entstanden.

Bischof Ulrich in der Klosterkirche Heilig Kreuz

1049 soll der durch Werd reisende Papst Leo IX. das erste Kloster Heilig Kreuz geweiht haben: Dieses Benediktinerinnenkloster lag bei der Burg Mangoldstein. Das um 1070 hinter die Stadtmauer verlegte Kloster wurde im Jahr 1101 zum Doppelkloster. Das dritte Kloster Heilig Kreuz entstand von 1125 bis 1128 am heutigen Platz, nunmehr als reines Männerkloster. Die Ulrichsverehrung der Mangolde scheint von der Burg Mangoldstein bis in die 1741 geweihte Klosterkirche Heilig Kreuz weitergegeben worden zu sein. In der spätbarocken Kirche sieht man den heiligen Ulrich jedenfalls als Seitenfigur am mächtigen Hochaltar von 1724.

Eine steinerne Fassadenfigur verkörpert den heiligen Ulrich mit seinen Attributen – Mitra, Bischofsstab sowie dem Fisch auf dem Evangelienbuch – am Anwesen Reichsstraße 6: Es ist das ehemalige Mesnerhaus der Donauwörther Stadtpfarrkirche Zu unserer Lieben Frau.

In Szenen der Ungarnschlacht am unteren Rand des Hochaltarblatts der Buchdorfer Pfarrkirche St. Ulrich ist ein Augsburger Stadtpanorama sehr exakt abgebildet – unter anderem jedoch mit dem erst 1620 fertiggestellten Renaissancerathaus.

Buchdorf – zu Füßen des Heiligen tobt die Schlacht auf dem Lechfeld

Das Hochaltarblatt in der Kirche St. Ulrich in Buchdorf ist das reinste „Bilderbuch". Neben dem barhäuptigen Bischof Ulrich zeigen Engel das Siegeskreuz sowie die Attribute des Heiligen. Unter all dem tobt die Schlacht auf dem Lechfeld. Wer die Szenen der Kämpfe vor der Bischofsstadt Augsburg sehen will, muss hier aber etwas genauer hinschauen als anderswo.

Buchdorf liegt knapp zehn Kilometer nordöstlich von Donauwörth entfernt – und damit nicht mehr im Donautal, aber auch noch nicht im Ries. Das Donauwörther Kloster Heilig Kreuz und das Kloster im lediglich gut drei Kilometer entfernten Kaisheim waren die größten Grundherren im Dorf. In beiden Klöstern hat die Ulrichsverehrung Spuren hinterlassen: Folglich überrascht also weder das Patrozinium der Buchdorfer Ulrichskirche noch die Darstellung des (hier barhäuptigen) Augsburger Bischofs auf dem Altarblatt des 1765 gestifteten Hochaltars. Ulrichs Mitra

Das Hochaltarblatt zeigt St. Ulrich ohne Attribute. Putti halten die Mitra, den Bischofsstab, den Fisch und das Ulrichskreuz.

und seine Attribute Bischofsstab und Fisch hält ein Engel am rechten Bildrand. Über dem Haupt des Heiligen schwebt ein Putto, der Betrachtern das „Crux victorialis" – das Siegeskreuz aus der Schlacht auf dem Lechfeld – entgegenhält. Die Ungarnschlacht selbst spielt sich relativ klein und wegen der erhöhten Platzierung des Rokokoaltars (zumal für nicht sehr große Mitmenschen) schwer erkennbar zu Füßen von St. Ulrich und unter den nackten Füßen weiterer Kinderengel ab. Wer genau hinsieht, erkennt eine exakte, mehr gezeichnete als gemalte Ansicht der Bischofsstadt Augsburg – mit Bauwerken, die erst Jahrhunderte später entstanden. Beiderseits des Altars rahmen Rokokofiguren der Bistumsheiligen Afra und des heiligen Nepomuk die Szenerie.

In der Buchdorfer Ulrichskirche verkörpert eine Figur im Stil des Rokokos den Kirchenpatron eher konventionell: mit Mitra und Bischofsstab sowie mit einem Fisch auf seinem Evangelienbuch – und mit dem Siegeskreuz auf seiner Brust.

Typisch für den prunkliebenden Stil des Rokokos – die mit viel Blattgold gefasste Figur des heiligen Ulrich in der Genderkinger Pfarrkirche St. Peter und Paul.

Genderkingen – wo Bischof Ulrich über das Wasser für Franken wacht

Um 1760 wurde die Figur des Bischofs Ulrich für die Genderkinger Pfarrkirche St. Peter und Paul geschnitzt. Der Brunnenheilige Ulrich ist hier – aktuell für mehr als eine Million Menschen – noch bedeutsamer als je zuvor.

Dass ein Dörfchen mit – bis heute – nicht mal 1300 Einwohnern wie Genderkingen über eine Kirche mit einer relativ prunkvollen Ausstattung im Stil des Rokokos verfügt, hat einen einfachen Grund. Um das Jahr 1700 war hier ein Sommerschloss der nahen Reichsabtei Kaisheim entstanden. Wohl aus diesem Grund durfte die sakrale Ausstattung etwas üppiger ausfallen als bloß für ein paar wenige Bauernhöfe kurz vor der Mündung des Lechs in die Donau. Um das Jahr 1760 leistete man sich dort deshalb für die kurz zuvor erweiterte Kirche St. Peter und Paul eine große geschnitzte Figur des heiligen Bischofs Ulrich. Sie steht am rechten Seitenaltar und ist wegen der Attribute – dem Bischofsstab sowie vor allem dem Fisch auf dem Evangelienbuch in Ulrichs Hand – auf den ersten Blick zu identifizieren.

In der Genderkinger Pfarrkirche gewinnt der Fisch als Bild des Wassers eine ganz besondere Bedeutung – an diesem Ort sogar für hunderttausende Haushalte in Mittel- und Unterfranken.

Trinkwasser aus Tiefbrunnen – für mehr als eine Million Einwohner der Metropolregion Nürnberg

Kirche und Kunstwerke an diesem Ort sind zwar überregional gesehen nicht sonderlich bedeutend. Der Schutz des Wassers durch den Brunnenheiligen St. Ulrich könnte allerdings kaum irgendwo wertvoller sein als hier: Im Lechtal bei Genderkingen gewinnt die Fernwasserversorgung Franken aus drei Tiefbrunnen das Trinkwasser für weite Teile Mittel- und Unterfrankens. Allein in der Metropolregion Nürnberg werden über diese Fernwasserleitung ungefähr 1,3 Millionen Menschen versorgt.

Ein Kunstobjekt vor der Kirche in Genderkingen zeigt einen Fischschwarm. Dieses Motiv verweist hier aber nicht auf den Fisch des heiligen Ulrich, sondern vielmehr auf eine Stelle im Neuen Testament, in der Jesus die Apostel als „Menschenfischer" bezeichnet.

In Niederschönenfeld erinnert die ehemalige Klosterkirche Mariä Himmelfahrt an die Stifter. Ulrichs barocke Schnitzfigur geht hier in der Fülle von Kunst und Pracht beinahe unter.

Niederschönenfeld: die Ulrichsfigur und die Grafen von Lechsgemünd

In der reich ausgestatteten Kirche Mariä Himmelfahrt in Niederschönenfeld geht eine barocke Schnitzfigur des heiligen Ulrich fast unter. Doch der Weg lohnt sich, und sei es allein wegen der im Kern romanischen Kirche.

Die einstige Zisterzienserinnenklosterkirche Mariä Himmelfahrt wäre aufgrund ihrer Bedeutung und ihrer Kunstschätze weitaus bekannter, läge sie nicht (zumal wegen der bei der Flusskorrektion im 19. Jahrhundert verlagerten neuen Mündung des Lechs) etwas abseits der großen Verkehrswege. Manche lassen sich wohl auch deshalb von einer Kirchenbesichtigung abhalten, weil das säkularisierte Kloster nebenan zu einer Justizvollzugsanstalt (JVA) umfunktioniert wurde. Das junge Königreich Bayern wusste mit aufgehobenen Klöstern des Öfteren nichts Besseres anzufangen.

Die barocke Schnitzfigur Bischof Ulrichs – wohl zu Anfang des 17. Jahrhunderts entstanden – geht in der mit Kunst überreich ausgestatteten Kirche auf den ersten Blick beinahe unter. Der

Auch in Niederschönenfeld erinnert der Fisch auf dem Evangelienbuch in der Hand der Ulrichsfigur an die Rolle des Heiligen als Schutzpatron vor Wassergefahren und der Fischer.

Besuch der Heiligenfigur lohnt sich dennoch. Ulrich, der Patron bei Wassergefahren, war in Niederschönenfeld sicher am rechten Platz: Nahe der Lechmündung wurden die Auen von Donau und Lech oft von reißenden Hochwassern heimgesucht. Und der Patron der Fischer war St. Ulrich ja schließlich ebenfalls: Die Fischerei in der Donau und am Lech spielte keine geringe Rolle.

Die im Kern romanische und später barockisierte Kirche sowie das hohe steinerne Denkmal auf dem Kirchhof erinnern an die ehemals mächtigen Grafen von Lechsgemünd-Graisbach. Sie benannten sich zunächst nach ihrer Stammburg im nahen Lechsgemünd, dem heutigen Dorf Lechsend hoch über der Mündung des Flusses, später nach ihrer Burg im nahen Graisbach. Als das Grafengeschlecht 1327 ausstarb, erbten die Wittelsbacher dessen Besitzungen, die über den schwäbisch-westbayerischen Raum hinaus weit verstreut lagen – teils sogar in Niederbayern, in Osttirol und im Pinzgau. Dieses Grafengeschlecht hatte nicht nur das Kloster Niederschönenfeld gestiftet, sondern auch das nahe Kloster Kaisheim. (In dieser ehemaligen Zisterzienserabtei finden sich Hinweise auf die Ulrichsverehrung. 1816 war Kloster Kaisheim zum Strafarbeits- und Zuchthaus geworden.)

Der heilige Ulrich im Ries und auf der Alb

Auch nördlich von Augsburg – im Ries, auf der Schwäbischen Alb und auf der Fränkischen Alb – findet man Denkmäler des heiligen Ulrich. Nur ein paar Kilometer nördlich von Ulrichs Geburtsort Wittislingen erinnern zum Beispiel Darstellungen des Heiligen an und in der Abteikirche von Neresheim an den Augsburger Bischof.

Seit dem Jahr 1767 ziert die überlebensgroße Fassadenskulptur des heiligen Bischofs Ulrich von Augsburg die Westfassade der Neresheimer Abteikirche Heilig Kreuz, St. Ulrich und Afra.

Abtei Neresheim: Bischof Ulrich an und in der barocken Klosterkirche

Auf der Schwäbischen Alb – nur knapp 20 Kilometer nördlich von Ulrichs Geburtsort Wittislingen entfernt – liegt die Abtei Neresheim. Auch in diesem Meisterwerk europäischer Barockbaukunst und an der Fassade der Klosterkirche wird Bischof Ulrich dargestellt.

Die Abtei Neresheim mit ihrer weit bis in das Härtsfeld hinein sichtbaren Klosterkirche ist eine der großen Sehenswürdigkeiten am Rande der Ostalb. Graf Hartmann I. von Dillingen hatte dieses Kloster 1095 als Augustinerchorherrenstift gegründet, das jedoch 1106 in eine Benediktinerabtei umgewandelt wurde. Dort verstarb der Klostergründer 1121. Da Hartmann I. wie Bischof Ulrich von Augsburg dem Geschlecht der Hupaldinger angehörte, liegt es nahe, dass sich die Ulrichsverehrung im Patrozinium der Abteikirche Heilig Kreuz, St. Ulrich und St. Afra niederschlug. Entsprechend prominent wird der heiliggesprochene Bischof Ulrich von Augsburg auch an und in dieser Kirche von Werken der bildenden Kunst verkörpert.

1790 entstand die Stuckfigur St. Ulrichs am Ulrichsaltar im Querhaus der Abteikirche in Neresheim. Wie schon an der Westfassade sieht man ihn mit dem Fisch auf dem Evangelienbuch.

Der Grundstein für eine neue Abteikirche nach den Plänen des großen Barockmeisters Balthasar Neumann – des Planers auch der Würzburger Residenz – war im Jahr 1750 gelegt worden. In der Folgezeit entstand „erschütternd großartig" – so ein Denkmalführer – ein „Meisterwerk europäischer Barockbaukunst"

Ulrich und Afra sieht man hier als bis 1767 geschaffene überlebensgroße Fassadenskulpturen an der Westfront dieser Abteikirche. 1790 entstanden im Querhaus des Sakralbaus im Bistum Rottenburg-Stuttgart ein Ulrichs- und ein Afraaltar: Eine vollplastische Stuckfigur am Ulrichsaltar personifiziert den Heiligen.

Das Gemälde in der Vierungskuppel der Abteikirche ist mit 714 Quadratmetern Fläche das größte Deckenbild des 18. Jahrhunderts. Es stellt die Evangelisten und die Ordensheiligen in der Verehrung der heiligen Dreifaltigkeit dar.

Die Kirche St. Vitus bildet den Mittelpunkt des Rieser Dorfs Huisheim. In dieser Kirche schmückt eine barocke Figur des heiligen Ulrich den neubarocken Hochaltar.

Huisheim: die Ulrichsfigur und der Patron der Schäfer in St. Vitus

St. Vitus in Huisheim belegt, dass die Ulrichsverehrung in zahlreichen Kirchen auch ohne Ulrichspatrozinium Einzug gehalten hat. Am neubarocken Hochaltar sieht man hier den heiligen Ulrich als barocke Seitenfigur.

Der Kirchturm von St. Vitus dominiert die Ortsmitte des Dorfs Huisheim. Sein spätgotischer Unterbau ist das Relikt einer wohl im 15. Jahrhundert errichteten Chorturmkirche. 1773 erhielt der Turm sein barockes Oktogon. Innen zieren barocke Figuren der Heiligen Wendelin und Ulrich den (neubarocken) Hochaltar. Die Wahl dieser Heiligen lag für Menschen im Ries nahe: Wendelin wie Ulrich galten als Patrone für gutes Wetter. St. Wendelin war zudem der Patron der Hirten und Herden, Schäfer und Bauern, des Viehs, gegen Viehseuchen und für gute Ernte. Angesichts der bis heute ausgeübten Schäferei im Riesbecken war Wendelin also ein Heiliger, den man hier sicher öfter anrief. Vielleicht auch darum findet man St. Wendelin und St. Ulrich im nur gut zwölf Kilometer entfernten Mönchsdeggingen erneut an einem Altar.

In der barockisierten ehemaligen Klosterkirche St. Martin in Mönchsdeggingen ziert eine barocke Skulptur des heiligen Ulrich einen der Seitenaltäre der „Wies im Ries".

Mönchsdeggingen: St. Ulrich und das heiliggesprochene Kaiserpaar

In St. Martin in Mönchsdeggingen zieren zwei Heilige – ein Kaiser und eine Kaiserin – den Hochaltar. In der einstigen Benediktinerklosterkirche geht St. Ulrich an einem Seitenschiffaltar auf den ersten Blick fast unter.

Die 1802 säkularisierte Abtei Deggingen war das älteste Kloster im Ries. Heinrich II. hatte es 1016 dem Hochstift Bamberg geschenkt. Der 1146 heiliggesprochene Heinrich aus einer bayerischen Nebenlinie der Ottonen war Herzog in Bayern, König des Ostfrankenreichs, König von Italien und römisch-deutscher Kaiser. Die im Kern romanische, ab 1693 barockisierte Klosterkirche St. Martin – heute Pfarrkirche – wird „Wies im Ries" genannt. 1751/52 leitete ein Dillinger Baumeister die Ausstattung. Die beiden Figuren am Hochaltar stellen den Klostergründer Heinrich II. und seine im Jahr 1200 ebenfalls heiliggesprochene Gemahlin Kunigunde von Luxemburg dar. An einem barocken Altar im rechten Seitenschiff – dem Wendelinsaltar von 1694 – stehen seitlich Skulpturen der Bistumsheiligen Ulrich und Afra.

Den heiligen Ulrich stellt eine moderne Glasmalerei in einem Kirchenfenster in der im Kern mittelalterlichen Hochaltinger Pfarrkirche Mariä Himmelfahrt dar.

Hochaltingen: eine Glasmalerei und das Bildungshaus St. Ulrich

In Hochaltingen, einem Ortsteil der Rieser Gemeinde Fremdingen, erinnern ein modernes Kirchenfenster in einer im Kern mittelalterlichen Kirche und ein nahegelegenes Exerzitienhaus an Bischof Ulrich von Augsburg.

Um 1730 entstand das Langhaus der im Kern mittelalterlichen Pfarrkirche Mariä Himmelfahrt in Hochaltingen, einem Ortsteil von Fremdingen. Das jüngste unter den dortigen Kunstwerken aus mehreren Jahrhunderten ist ein modernes Bleiglasfenster, das den heiligen Ulrich abbildet.

Nur ein paar Schritte von dieser durchaus sehenswerten Rieser Kirche entfernt steht das Haus St. Ulrich. Dieses Exerzitienhaus hat eine angemessene Adresse: Sankt-Ulrich-Straße 4.

Mal mit Bart, mal ohne – aber immer mit dem Fisch. Bischof Ulrich als Motiv von Kirchenfenstern in Staufen (Gemeinde Syrgenstein, links) und im Dillinger Stadtteil Hausen.

Der heilige Ulrich – ein häufiges Motiv in Glasmalereien von Kirchenfenstern

Die moderne Glasmalerei im Urichsfenster in der Rieser Pfarrkirche Mariä Himmelfahrt in Hochaltingen ist beileibe nicht das einzige Kirchenfenster, dessen Motiv den heiligen Ulrich darstellt – im Gegenteil. Ulrich von Augsburg ist, nicht selten auch in Verbindung mit der heiligen Afra, ein Sujet in etlichen Kirchen, und zwar weit über das Bistum Augsburg hinaus. Ulrichsfenster gibt es etwa in Österreich, Frankreich und sogar Portugal. Doch natürlich taucht das Ulrichsmotiv in der Umgebung seines Geburtsorts Wittislingen und in den Dörfern um die einstige Residenz in Dillingen geballter auf als anderswo. Ulrich und Afra sieht man in Kirchenfenstern im Dillinger Stadtteil Hausen (St. Peter und Paul) und im nahen Lauingen (St. Martin). In St. Martin in Staufen (ein Ortsteil von Syrgenstein) entdeckt man Ulrich neben dem Namenspatron. St. Ulrich als Fenstermotiv findet man auch in Weitnau (Oberallgäu), Roßhaupten (Ostallgäu), Kirchdorf bei Bad Wörishofen (Unterallgäu) und Ettelried (Landkreis Augsburg).

Die kleine Dorfkirche St. Ulrich und Stephanus in Ehingen am Ries gehört zu den letzten bayerischen Simultankirchen: Dort feiern Katholiken und Protestanten jeweils ihre Gottesdienste.

Denkmal des Glaubensstreits: die Kirche St. Ulrich und Stephanus

Im Dörfchen Ehingen am Ries steht – direkt auf dem Rand des Rieskraters – eine außergewöhnliche Kirche. St. Ulrich und Stephanus ist nämlich eine der letzten Simultankirchen Bayerns. Diese kleine Rieser Kirche ist also auch ein Denkmal des konfessionellen Zeitalters.

Im konfessionellen Zeitalter – nicht zuletzt in den Jahrzehnten vor dem Dreißigjährigen Krieg – wurde auch im Ries heftig um den rechten Glauben gerungen. Ein Ergebnis dieser Epoche ist das buchstäblich in eine katholische und eine evangelische Hälfte geteilte Residenzstädtchen Oettingen. Nur vier Kilometer vom Oettinger Schloss entfernt steht die kleine Wehrkirche St. Ulrich und Stephanus in Ehingen am Ries in malerischer Alleinlage auf dem Rand des Rieskraters. Dieser Sakralbau ist eine der letzten Simultankirchen Bayerns: Katholiken und Protestanten feiern dort ihre Gottesdienste. Der Weg zu dieser ab dem Jahr 1200 errichteten Kirche lohnt sich allein schon wegen ihrer Lage: Vom ummauerten Kirchhof aus genießt man die weite Aussicht übers

Eine der gotischen Assistenzfiguren im Langhaus der eher karg ausgestatteten Rieser Dorfkirche verkörpert dort (neben den Heiligen Sebastian und Blasius) St. Ulrich, einen der beiden Namenspatrone. Das Leben von St. Stephanus ist das Thema der Langhausfresken, die Ende des 18. Jahrhunderts gemalt wurden.

Riesbecken. Die Kirche steht rund 50 Meter über der Riesebene. Das Innere dieser Dorfkirche ist recht nüchtern gehalten. Zu den wenigen Kunstwerken in der karg ausgestatteten Simultankirche gehören Assistenzfiguren an der Wand des Langhauses, die Ende des 15. Jahrhunderts geschaffen wurden. Eine dieser gotischen Schnitzfiguren verkörpert den heiligen Ulrich.

Die von einer schützenden Mauer umgebene ehemalige Wehrkirche St. Ulrich und Stephanus steht in malerischer Alleinlage auf dem Kraterrand hoch über dem Riesbecken.

Auch am rechten Seitenaltar der Kirche Mariä Himmelfahrt im Rieser Dorf Marktoffingen stellt eine barocke Figur den heiligen Ulrich mit dem Fisch auf seinem Evangelienbuch dar.

Marktoffingen: St. Ulrich in der Wehrkirche und der Ulrichskapelle

Ganz im Nordwesten des Riesbeckens, nahe der Grenze zu Baden-Württemberg, liegt das Dorf Marktoffingen. Auch dort steht eine Wehrkirche, in der man St. Ulrich findet. Eine zweite Skulptur des Bistumspatrons und ein Gemälde des Bischofs mit der Schlacht auf dem Lechfeld entdeckt man in einer mittelalterlichen Ulrichskapelle.

Nur etwa elf Kilometer westlich der Wehrkirche in Ehingen am Ries stößt man auf eine weitere Rieser Wehrkirche – Mariä Himmelfahrt in der kleinen Gemeinde Marktoffingen. Die Kirche wurde 1143 erstmals urkundlich erwähnt, ihr Chorturm entstand wohl Ende des 12. Jahrhunderts. Und auch hier stößt man auf den heiligen Ulrich. Der Augsburger Bischof mit seinen Attributen Bischofsstab und Mitra sowie mit dem obligaten Fisch auf dem Evangelienbuch ist als farbig gefasste Schnitzfigur im Stil des Barocks am rechten Seitenaltar zu entdecken. Gerahmt wird die Ulrichsfigur von den Heiligen Josef und Aloysius. Die Pfarrkirche Mariä Himmelfahrt steht Besuchern in aller Regel offen.

Im Nazarenerstil wurde die Ulrichsfigur am Altar der im Kern mittelalterlichen Ulrichskapelle auf dem Ulrichsberg gestaltet. Kleinere Figuren verkörpern St. Afra und Narzissus von Gerona.

Nur an wenigen Tagen im Kirchenjahr ist dagegen die nahe, nordwestlich der Pfarrkirche am Ulrichsberg gelegene Ulrichskapelle auch von innen zu besichtigen. Der schlichte einschiffige Bau entstand wohl schon im frühen 12. Jahrhundert. Die kleine Kapelle birgt eine Figurengruppe im Nazarenerstil: St. Ulrich als Hauptfigur, gerahmt von kleineren Figuren der Bistumsheiligen St. Afra und sowie des heiligen Narzissus. Dieser Bischof soll die Bordellbetreiberin Afra der Legende nach zum Christentum bekehrt haben. Das Antependium des Altars in der Kapelle ziert eine Malerei, die St. Ulrich umgeben von Betenden zeigt. Im Hintergrund tobt die Schlacht auf dem Lechfeld.

Der viereckige Turm der Kirche Mariä Himmelfahrt überragt die Kirchenfestung in Marktoffingen. Mit ihren massigen Mauern und zwei Torbauten ist die Anlage ein gut erhaltenes Beispiel einer mittelalterlichen Wehrkirche.

Die Ruine der Ulrichskapelle auf dem Uhlberg steht einsam auf einer Anhöhe des Hahnenkamms. Die spätgotische Kapelle war in der zweiten Hälfte des 15. Jahrhunderts errichtet worden.

Der Spuk in der Ruine der Ulrichskapelle auf dem Uhlberg

Mit der Ulrichskapelle auf dem Uhlberg verbinden sich Geheimnisse und Schauergeschichten. Diese Ruine steht einsam im tiefsten Wald auf der höchsten Erhebung des Hahnenkamms nahe Treuchtlingen. Ihre Mauern gelten sogar als einer der „gruseligsten Orte in Europa".

Ungefähr 70 Kilometer nördlich der Bischofsstadt Augsburg – unweit des Dörfchens Zwerchstraß und damit bereits im Bistum Eichstätt – steht eine ziemlich ungewöhnliche Ulrichskapelle. Genauer gesagt: die Ruine der Ulrichskapelle im Wald auf dem Uhlberg, einer der höchsten Erhebungen des Jurahahnenkamms. Der Uhlberg liegt lediglich sieben Kilometer südwestlich der Stadt Treuchtlingen, aber noch im Gebiet der Gemarkung des Wolferstädter Ortsteils Zwerchstraß. Halbwissen, Mythen und Spukgeschichten machen diese so einsam gelegene Ruine der Kapelle St. Ulrich zu einem Ort, der von den Zuschauern eines TV-Wissenschaftsmagazins auf Platz sieben der „gruseligsten Orte in Europa" gewählt wurde. Um das spätgotische Gemäuer ranken sich die Gespenstergeschichten einer „weißen Frau vom Uhlberg", die man in den Ruinen gesehen haben will. Auch ein 30 Meter tiefer Brunnenschacht nah bei der verfallenen Kapelle gibt Rätsel auf. So einsam liegt diese Ruine, dass es sogar schon zu Polizeieinsätzen gekommen ist, weil Wanderer nicht mehr aus dem Forst fanden. Selbst von Tieropfern in der Kapellenruine und von Satanisten auf dem Uhlberg haben (durchaus seriöse) Medien berichtet. Etwas weniger seriöse Medien titelten schon mal mit der Schlagzeile „Die Geisterkapelle vom Uhlberg".

Dass die Ruine der Kapelle St. Ulrich an einem stillen, weit von allen Ortschaften gelegenen Platz in einem Wald steht, in dem man ohne Ortskenntnisse sicher lange umherirren kann, macht ihn ohnehin geheimnisvoll. Zu den Rätseln um diese auch Uhlbergkapelle genannte Ruine gehört ihre teils ungeklärte Vorgeschichte. Die Kapelle war Teil eines Benediktinerinnenklosters auf dem Uhlberg gewesen. Das 1144 gegründete Kloster wurde im Dreißigjährigen Krieg, vielleicht aber auch schon im Großen Bauernkrieg von 1525, zerstört. Die 26 Meter lange, zehn Meter breite Ruine hat man im 19. Jahrhundert sowie 1970 renoviert und dabei teilaufgemauert. Neben den Mauern des Langhauses und des Chors sind noch Grundmauern der Sakristei zu erkennen.

Von der Ulrichskapelle haben sich im Wesentlichen die Mauern des Langhauses und des Chors erhalten.

In der Kirche St. Ulrich in Kevenhüll zeigt das Deckenfresko Bischof Ulrich in der Schlacht auf dem Lechfeld. Ein Engel reicht ihm auch hier das Siegeskreuz.

Im Altmühltal: die Schlacht auf dem Lechfeld in St. Ulrich in Kevenhüll

Ein Beispiel dafür, dass Bischof Ulrich auch außerhalb von Augsburg und weit entfernt vom Kampfgeschehen stets mit der Schlacht auf dem Lechfeld in Verbindung gebracht wurde, ist ein Deckenfresko in der kleinen Dorfkirche von Kevenhüll – im Altmühltal nahe Beilngries.

Im Altmühltal, einem Ausläufer der südlichen Frankenalb, liegt Beilngries, eine Stadt im oberbayerischen Landkreis Eichstätt. Im dortigen – dörflichen – Stadtteil Kevenhüll stößt man auf eine der vielen Ulrichskirchen außerhalb des Bistums Augsburg. Hier bewegt man sich nämlich innerhalb der Grenzen des Bistums Eichstätt. Doch selbst hier – weit entfernt vom Lechfeld bei Augsburg – lässt ein Deckenfresko in der Dorfkirche St. Ulrich in Kevenhüll erahnen, wie sehr Bischof Ulrich mit der epochalen Schlacht von 955 in Verbindung gebracht wurde.

St. Ulrich in Kevenhüll ist im Kern eine im 11. Jahrhundert erstmals erwähnte Chorturmkirche. Um 1740 schuf man dort das

In der Ulrichskirche von Kevenhüll sieht man den Namenspatron auf dem Hochaltarblatt. Das Gemälde des sechssäuligen Altars hat wohl ein Hofkünstler aus Eichstätt geschaffen.

wenig kunstvolle, fast cartoonartig gemalte Deckenfresko. Es zeigt Ulrich mitten in der Schlacht auf dem Lechfeld. Ein Engel über dem Schlachtengetümmel übergibt ihm das Ulrichskreuz. In der Ulrichskirche von Kevenhüll sieht man den Namenspatron samt Ulrichskreuz auch auf dem am Ende des 19. Jahrhunderts gemalten Hochaltarblatt. Eine Schnitzfigur des heiligen Ulrich ziert in Kevenhüll auch eine Prozessionsstange.

Die ausgeprägte Ulrichsverehrung in diesem Dorf im Altmühltal war womöglich nicht zuletzt dem Einfluss der Benediktiner im nahen Kloster Plankstetten geschuldet. Dort trugen zum Beispiel allein in der Zeit zwischen 1247 und 1276 gleich drei aufeinanderfolgende Äbte jeweils den Ordensnamen Ulrich.

Abgesehen davon spielt die Ulrichsverehrung im Bistum Eichstätt, zu dem das Altmühltal gehört, im Vergleich zu anderen Regionen Bayerns eine eher untergeordnete Rolle. Die Patronin dieses Bistums ist die heilige Walburga, deren Grab sich im Dom zu Eichstätt befindet. Und die Verehrungspraktiken der heiligen Walburga gehören schon seit dem Jahr 2021 zum immateriellen Kulturerbe in Bayern.

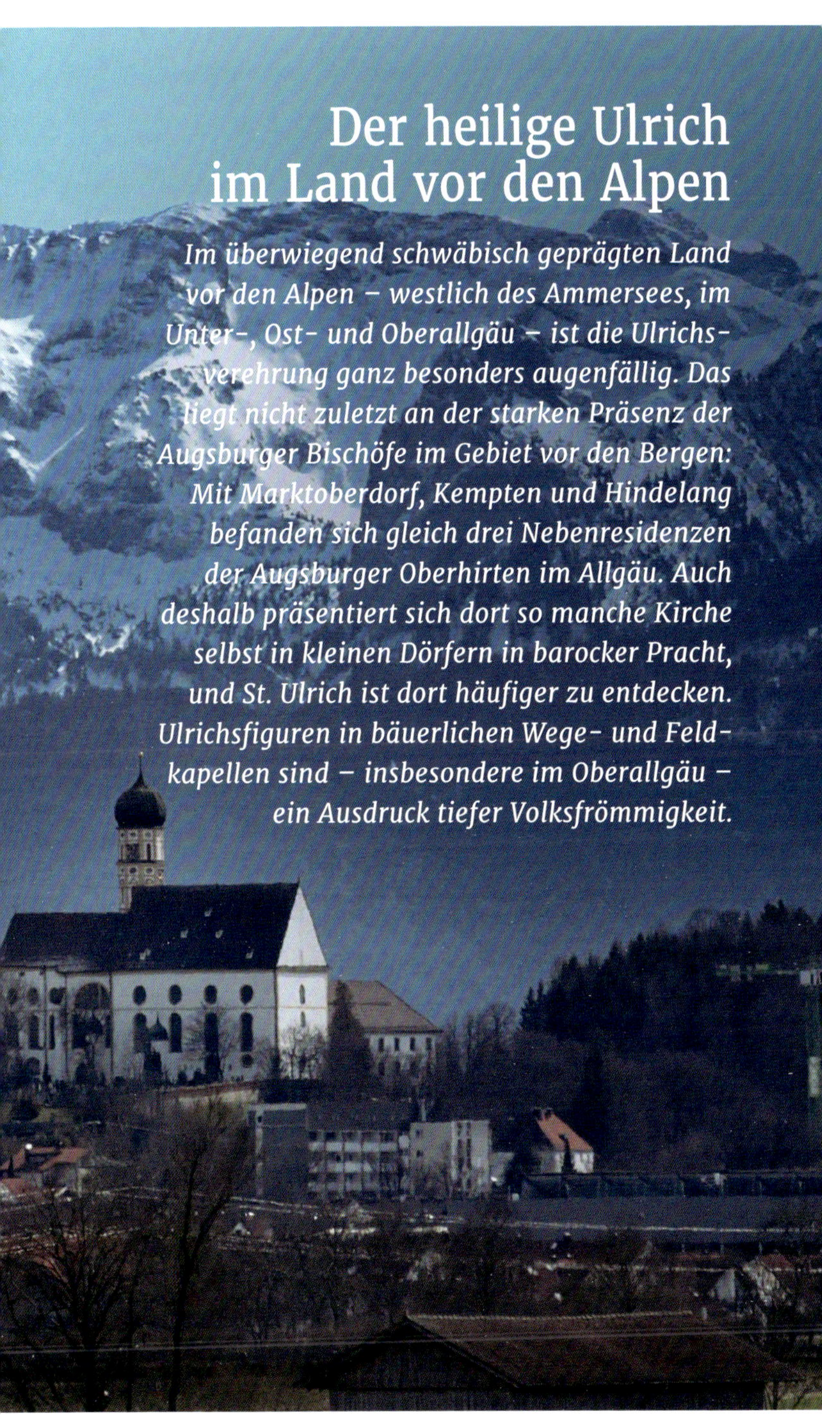

Der heilige Ulrich im Land vor den Alpen

Im überwiegend schwäbisch geprägten Land vor den Alpen – westlich des Ammersees, im Unter-, Ost- und Oberallgäu – ist die Ulrichsverehrung ganz besonders augenfällig. Das liegt nicht zuletzt an der starken Präsenz der Augsburger Bischöfe im Gebiet vor den Bergen: Mit Marktoberdorf, Kempten und Hindelang befanden sich gleich drei Nebenresidenzen der Augsburger Oberhirten im Allgäu. Auch deshalb präsentiert sich dort so manche Kirche selbst in kleinen Dörfern in barocker Pracht, und St. Ulrich ist dort häufiger zu entdecken. Ulrichsfiguren in bäuerlichen Wege- und Feldkapellen sind – insbesondere im Oberallgäu – ein Ausdruck tiefer Volksfrömmigkeit.

Im Deckenfresko der Eresinger Pfarrkirche St. Ulrich überreicht ein Engel Bischof Ulrich in der Lechfeldschlacht das Siegeskreuz. Im Hintergrund ist das Augsburger Rathaus angedeutet.

Die Ulrichskirche, die Ulrichskapelle und der Ulrichsbrunnen in Eresing

Nicht weit vom Ammersee entfernt liegt das Dörfchen Eresing. Die dortige Ulrichskirche, die Ulrichskapelle mit dem Ulrichsbrunnen sowie das aus der dortigen Quelle fließende „Ulrichswasser" machen den kleinen Ort im Lechrain zum Mittelpunkt der Ulrichsverehrung in Oberbayern.

Etwa 37 Kilometer südöstlich von Augsburg – kurz vor dem westlichen Ammerseeufer, im Landkreis Landsberg am Lech und damit bereits in Oberbayern – liegt das Dorf Eresing. Dort steht am südöstlichen Ortsrand, keine zwei Kilometer von der Erzabtei St. Ottilien entfernt, die im Kern spätgotische Wallfahrtskirche St. Ulrich. Als dieser Sakralbau Mitte des 18. Jahrhunderts auch im Inneren barockisiert wurde, malte der Weißenhorner Franz Martin Kuen das große Hauptfresko, das Bischof Ulrich und König Otto I. „den Großen" Seite an Seite reitend im Gemetzel der Schlacht auf dem Lechfeld darstellt. Ein Engel überreicht dem Bischof das siegbringende Ulrichskreuz.

Das Gemetzel der Lechfeldschlacht stellt das Deckenfresko auf drastische Art und mit einer dramatischen Kampfszene dar.

Unterhalb dieser Szene ließ der Maler die deutschen Ritter und die mit Krummschwertern kämpfenden Ungarn im Getümmel aufeinanderprallen. Als Hintergrundmotiv hat er das belagerte

Im Fresko über dem Chor von St. Ulrich wird der Kirchenpatron als Fürbitter der Gemeinde abgebildet. Ein Putto reicht ihm die Mitra, hinter ihm liegt das Evangelienbuch mit dem Fisch parat.

In dem Ende des 17. Jahrhunderts gemalten Hochaltarblatt in der Eresinger Ulrichskirche ist das Motiv der Ulrichsmesse – das Sujet einer Legende um den heiligen Ulrich – dargestellt. Die Hand Gottes sieht der Legende nach allein der Bischof.

Augsburg auf recht originelle Art und Weise hinter frei erfundenen Architekturelementen (ein Wehrturm und eine Steinsäule) angedeutet: Die Spitzen der Doppeltürme des Augsburger Doms ragen hinter einem Fassadenabschnitt hervor, dessen Architektur stark an die beiden in der Zeit bis 1620 errichteten zentralen Renaissancebauten in der Reichsstadt Augsburg – das Rathaus und den Perlachturm – erinnert. Über dem Kampfgeschehen schwenkt ein weiterer Engel eine blaue Fahne mit dem Kreuzzeichen und mit der lateinischen Aufschrift „IN HOC SIGNO VINCES". („In diesem Zeichen wirst du siegen".)

„HL. ULRICH bitt für uns" – diese Inschriftenkartusche entdeckt man am vergoldeten Rahmen des Hochaltarblatts in der Eresinger Ulrichskirche.

In einer Kartusche vor dem Chorbogen stellt ein Fresko eine Szene aus dem Fischwunder des heiligen Ulrich dar. Der Maler dieses Mitte des 18. Jahrhunderts geschaffenen Motivs hat die Protagonisten der Legende in der Mode des Rokokos abgebildet.

Im Chorfresko hat Franz Martin Kuen den heiligen Ulrich als Fürbitter der Gemeinde dargestellt. Ein Putto zu seinen Füßen reicht ihm die Mitra. Schon 1687 hatte ein unbekannter Maler das Hochaltarblatt in St. Ulrich gemalt. Diese Darstellung zeigt mit der sogenannten Ulrichsmesse ebenfalls eine Episode aus der Heiligenlegende Bischof Ulrichs.

Östlich des Hauptfreskos ist eine Szene des Fischwunders aus der Heiligenlegende Bischof Ulrichs in einer länglich-ovalen, von Stuck gerahmten Kartusche im Langhaus abgebildet. Auch

In der Kirche verkörpert eine Sitzfigur den heiligen Ulrich. Diese Figur stand früher am Eresinger Ulrichsbrunnen, bis sie gestohlen wurde. Als das Diebesgut wieder aufgetaucht war, hat man beim Brunnen eine Kopie aufgestellt.

1618 wurde die Kapelle St. Ulrich gestiftet. Das neoromanische Brunnenhaus davor wurde Mitte des 19. Jahrhunderts errichtet. Früher war dieser Ort eine viel besuchte Wallfahrtsstätte.

an dieser Stelle hat Franz Martin Kuen 1756/57 Bildelemente aus seiner Zeit einfließen lassen: Die Kleidung der im Motiv des Fischwunders abgebildeten Protagonisten entspricht nämlich der Mode im Zeitalter des Rokokos und nicht der des frühen Mittelalters – also jener Zeit, in der Bischof Ulrich gelebt hat.

Die Ulrichskapelle und der Ulrichsbrunnen

Am Waldrand bei der alten Römerstraße in Richtung Windach steht die 1618 von einem Windacher Hofmarksherrn bezahlte Kapelle St. Ulrich. (Sie ist nur an den Sonntagen geöffnet.) Im Inneren zeigt ein Gemälde Bischof Ulrich und seine Begleiter an der Eresinger Quelle, um die sich gleich zwei Ursprungslegenden ranken. Die eine handelt von einem Aufenthalt des Augsburger Bischofs nach der Schlacht auf dem Lechfeld: Die Quelle des Ulrichsbrunnens soll entsprungen sein, als Ulrich an dieser Stelle rastete. Einer zweiten Legende nach habe der Bischof anlässlich einer Romreise die erquickende Quelle am Wegrand gesegnet.

Direkt neben der Kapelle St. Ulrich entstand (wohl 1666) für diese Quelle ein Brunnenhaus. Mitte des 19. Jahrhunderts wurde

Im Brunnenhaus über dem Ulrichsbrunnen steht eine Figur, die St. Ulrich mit einer segnenden Geste verkörpert. Auch um die Quelle bei Eresing ranken sich Legenden: Sie soll entsprungen sein, als Bischof Ulrich an dieser Stelle Rast machte.

für diesen Ulrichsbrunnen dann das bestehende neoromanische Brunnenhaus errichtet. Hinter einem Schutzgitter sieht man dort eine Figur (Kopie, Original in der Kirche St. Ulrich), die den segnenden Heiligen verkörpert. In diesem Brunnenhaus befindet sich eine sogar noch bis in das Jahr 1968 bewohnte Klausnerwohnung, in der lange Zeit Laienbrüder des Franziskanerordens lebten, die über die Ulrichsquelle wachten. Noch heute holen sich Gläubige „Ulrichswasser" in diversen Gefäßen direkt an der Quelle. Unbedenklich genießbares Trinkwasser liefert die Ulrichsquelle in Eresing allerdings nicht.

Das Wasser aus dem Eresinger Ulrichsbrunnen galt ehemals als heilkräftig bei Augenleiden. Bis heute füllen Besucher der Quelle das „Ulrichswasser" in mitgebrachte Flaschen und andere Gefäße ab.

Auf der Kuppel des tempelartigen Brunnenhauses der Ulrichsquelle in Maria Steinbach verkörpert eine Sandsteinfigur St. Ulrich. Um diesen Ulrichsbrunnen rankt sich eine Legende um den vom Durst geplagten Bischof.

„Ulrichswasser" aus Ulrichsbrunnen: von Eresing bis Maria Steinbach

In Maria Steinbach, einem Ortsteil der Unterallgäuer Marktgemeinde Legau, steht die Pfarr- und Wallfahrtskirche Zur Schmerzhaften Muttergottes und St. Ulrich. Ab etwa 1730 machte das Gnadenbild der Muttergottes in der Kirche von Maria Steinbach dieses Dorf über dem westlichen Ufer der Iller zu einem der bedeutendsten Wallfahrtsorte Süddeutschlands. Nordwestlich und etwas unterhalb der Kirche in Maria Steinbach steht ein monumentaler Ulrichsbrunnen: Mit dem in jüngster Zeit sanierten Aufbau hat man 1894 wohl einen Ulrichsbrunnen aus dem 18. Jahrhundert ersetzt. Die Kuppel des neubarocken Brunnenhauses im Stil eines Rundtempelchens krönt eine Sandsteinfigur, die St. Ulrich mit all seinen Attributen verkörpert. Die Heiligenfigur ist eine Kopie, das Original steht in der Kirche. Dort entdeckt man St. Ulrich zudem als überlebensgroße Schnitzfigur zwischen zwei Säulen am unteren Hochaltar. Vom Ulrichsbrunnen am Steinbacher Kirchberg handelt die Legende, dass Bischof Ulrich hier in einem Ochsenkarren vorbeigefahren sei. Von Durst geplagt, habe er seinen Bischofsstab in die Erde gestoßen, worauf auch dort eine nie versiegende Quelle entsprungen sein soll.

Der tempelartige Bau des Ulrichsbrunnens in Maria Steinbach steht wenige Schritte von der Wallfahrtskirche entfernt: Eine Kopie der Sandsteinskulptur, deren Original man in der Kirche sieht, bekrönt heute das Brunnenhaus.

Solche Entstehungslegenden findet man nicht nur in Maria Steinbach und in Eresing, sondern zu Dutzenden in weiten Teilen Süddeutschlands, Österreichs, der Schweiz und des Elsass. Längst nicht überall schlug sich der Schutz der nie versiegenden Ulrichsbrunnen auch in Bauwerken wie dem Brunnentempelchen von Maria Steinbach oder dem Brunnenhaus von Eresing nieder. Doch zumindest die Erinnerung an die Ulrichsbrunnen und der Glaube an die Heilwirkung des „Ulrichswassers" haben sich bis heute vielerorts erhalten.

Ein Brunnenaltar und das „Walburgisöl"

Heilende Wirkung haben Gläubige nicht nur dem Wasser der Ulrichsbrunnen zugeschrieben. Auch das Wasser aus einem Brunnenaltar in der Wemdinger Wallfahrtskirche Maria Brünnlein hat man zur Heilung von Augenleiden geschöpft. An der Gnadenquelle fließt das Wasser in eine muschelartige Schale. Dort stehen bis heute Trinkbecher parat. Das Quellwasser wird auch hier in bereitgestellte Flaschen eingefüllt und mitgenommen. Das Kondenswasser, das im Dom in Eichstätt aus dem Sarkophag der heiligen Walburga austritt, hat man als „Walburgisöl" aufgefangen und als Heilmittel eingesetzt. Diese Verehrungspraxis wurde 2021 ins „Bayerische Landesverzeichnis des Immateriellen Kulturerbes" aufgenommen.

Franz Xaver Bernhardt schuf das Deckenfresko der Ulrichskirche in Warmisried: Im Jahr 1764 hat dieser Maler dort die Schlacht auf dem Lechfeld vor der Silhouette von Augsburg und mit der Ulrichsmesse als Sujet im Vordergrund dargestellt.

Warmisried – ein Deckenfresko mit zwei Geschichten um St. Ulrich

Die Unterallgäuer Pfarrkirche St. Ulrich in Warmisried ist in zweifacher Hinsicht bemerkenswert. Zum einen, weil es nicht viele Dorfkirchen dieser Größe mit derart vielen Bezügen zu St. Ulrich gibt. Zum anderen wegen des ziemlich unüblichen Deckenfreskos: Es zeigt nämlich nicht nur die Schlacht auf dem Lechfeld, sondern auch eine Legende aus der Ulrichsvita, die Ulrichsmesse.

Die Pfarrkirche in Warmisried, einem Ortsteil der Gemeinde Unteregg im Landkreis Unterallgäu, zählt im Land vor den Alpen sicherlich nicht zu den größten Ulrichskirchen. Doch aufgrund der vielfältigen Bezüge zum heiliggesprochenen Bischof von Augsburg gehört diese Dorfkirche mit Fug und Recht zu den interessantesten Ulrichskirchen. Ganz sicher eine Besonderheit ist das barocke Fresko im Langhaus: Es zeigt nicht allein – wie so oft auch anderswo – die Schlacht auf dem Lechfeld vor der Silhouette von Augsburg (übrigens auch hier mit dem Stadtbild,

Seit eine Figur aus der Ulrichskapelle in den Kirchenraum geholt wurde, verkörpern dort zwei Skulpturen den heiligen Ulrich.

das teils erst im 17. Jahrhundert entstand, etwa durch das bis 1620 errichtete Renaissancerathaus). Als der Freskant 1764 sein Werk konzipierte, nutzte er einen perspektivischen Kunstgriff: Im Vordergrund seines Freskos stellte er die Ulrichsmesse dar, bei der dem von Alter und Krankheit geschwächten Bischof von Augsburg die segnende Hand Gottes erscheint. Das ebenfalls um diese Zeit gemalte Blatt des Hochaltars stellt St. Ulrich und Johannes den Täufer zu Füßen der heiligen Dreifaltigkeit, also wohl als Fürbitter der Gemeinde dar. Unter dem Chor liegt eine Ulrichskapelle: Eine Figur des Heiligen hat man vom dortigen Altar in das Langhaus versetzt. Besucher der Kirche sehen nun gleich zwei Ulrichsfiguren – sitzend die eine, stehend die andere.

Auch eine Kirchenfahne der Unterallgäuer Kirche stellt den heiliggesprochenen Bischof von Augsburg mit seinen Attributen – der Mitra, dem Bischofsstab und dem Fisch auf dem Evangelienbuch – dar.

Auch im Deckenfresko der Pfarrkirche St. Ulrich in Ollarzried sieht man das wüste Gemetzel der Schlacht auf dem Lechfeld.

Ollarzried – wo die Lechfeldschlacht von Eresing als Vorlage diente

Auch in St. Ulrich in Ollarzried tobt die Ungarnschlacht im Deckenfresko: Es ist eine vereinfachte, nur leicht veränderte „Kopie" der Schlacht im Eresinger Deckenfresko.

Für das Deckenfresko der Ungarnschlacht in der Kirche St. Ulrich in Ollarzried, einem Ortsteil von Ottobeuren, nutzte der Weißenhorner Konrad Huber die Bildkomposition seines Kollegen Franz Martin Kuen in der Ulrichskirche in Eresing als Vorlage. Huber setzte die Schlachtenszene vereinfacht und leicht verändert um.

In der Ollarzrieder Pfarrkirche entdeckt man auch eine farbig gefasste Skulptur, die dort den Kirchenpatron verkörpert. Das Hochaltarblatt in dieser Allgäuer Dorfkirche stellt die Glorie des heiligen Ulrich dar.

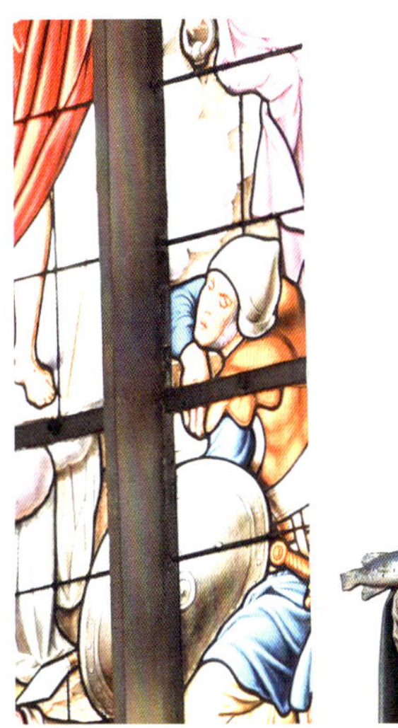

Eine gotische Ulrichsskulptur im Chor von St. Martin in Kaufbeuren: Als Patron der Weber war der Heilige – zumal in der Weberstadt an der Wertach – besonders gefragt.

Kaufbeuren: Ulrich – der Patron der Weber – in der Stadt an der Wertach

In der einstigen Weberstadt Kaufbeuren verkörpert eine Skulptur in der Stadtpfarrkirche St. Martin den Schutzpatron der Weber – St. Ulrich. Ein zehnteiliger gotischer Gemäldezyklus in der Kapelle St. Blasius vermittelt die Vita und die Legenden des heiligen Ulrich.

Die als Tochter eines Webers geborene Maria Kreszentia Höß machte ihre Geburtsstadt Kaufbeuren zum Wallfahrtsort. 2001 wurde Kreszentia (sie war Oberin im Franziskanerinnenkloster gewesen) heiliggesprochen. Im Kloster hat man 2005 eine Gedenkstätte für die Stadtheilige eingerichtet, und Kaufbeuren wirbt mit dem „Crescentia-Pilgerweg". Aber auch in der ehemaligen Reichsstadt stößt man auf St. Ulrich. In der Stadtpfarrkirche St. Martin verkörpert ihn eine gotische Skulptur im Chor, wohl ein Werk des Bildhauers Michel Erhart. Kaufbeuren liegt an der Wertach, an der Augsburgs Bischöfe viele Rechte besaßen. Zwei Wasserwunder Ulrichs verbinden sich mit dem Fluss. Kaufbeuren war eine Stadt der Weber, und Ulrich war ihr Schutzpatron. Das

An der Westwand von St. Blasius vermittelt ein Zyklus von zehn Tafelbildern die Lebensabschnitte und Legenden St. Ulrichs. Ein Brustbild des Heiligen bekrönt die jeweils beschrifteten Tafeln. Ihre Motive zeigen Ulrichs Vita vom Beginn seines Studiums im Kloster St. Gallen bis zum Totenbett.

ist wohl der Grund dafür, dass in Kaufbeuren noch ein zweites, einzigartiges Zeugnis der Ulrichsverehrung geschaffen wurde.

Zehn gotische Tafelbilder zeigen die Ulrichsvita

Nur knapp einen halben Kilometer weiter westlich steht die Kapelle St. Blasius auf dem Blasiusberg. Der Baukörper in der heutigen Form entstand wohl kurz vor 1500. Bemerkenswert ist insbesondere das Innere dieses Sakralbaus. Der Denkmalführer „Dehio" urteilt: „Die harmonische Verbindung der spätgotischen Architektur mit der einheitlichen Ausstattung zeugt in eindrucksvoller Weise von der Kultur des aufstrebenden Bürgertums [...]." Die gotischen Schnitzfiguren der drei Heiligen Ulrich, Blasius und Erasmus im Mittelschrein des dortigen Flügelaltars wurden wohl von einem noch älteren Altar aus dem Jahr 1436 übernommen.

Singulär ist ein gotischer Gemäldezyklus an der fensterlosen Westwand der Kapelle. Dort überliefern jeweils zwei Reihen mit je fünf Tafelbildern die Legenden der Heiligen Ulrich, Erasmus

St. Ulrich sieht man in St. Blasius auch in der Gruppe der drei Heiligen am gotischen Schnitzaltar von 1518. Diese Figuren waren wohl schon 1436 für einen älteren Altar entstanden.

und Antonius Eremita. Die zehn Tafeln zur Ulrichsvita zeigen Stationen vom Beginn des Studiums des etwa Zehnjährigen im Kloster St. Gallen im Jahr 900 über seine Wahl zum Bischof und Ulrichslegenden (zum Beispiel St. Afra als Traumbild sowie die Erscheinung der Hand Gottes bei der Ulrichsmesse) bis hin zum Sterbebett. (Die Blasiuskapelle ist nicht öffentlich zugänglich. Das Innere ist nur nach Anfrage im Pfarrbüro zu besichtigen.)

„Alltag spiset er hundert armer mentschen.“: So ist eine der zehn gotischen Bildtafeln beschriftet. Diese Szene verweist auf den heiligmäßigen Lebenswandel Ulrichs sowie auf die Armenspeisungen des Bischofs von Augsburg. Bemerkenswert ist, dass der zehnteilige Zyklus kein Motiv zur Schlacht auf dem Lechfeld beinhaltet.

In der Kirche Mariä Himmelfahrt, St. Peter und Paul des Klosters Irsee muss man St. Ulrich suchen: Im Auszugsbild eines Seitenaltars erkennt man ihn – neben St. Nikolaus – letztlich nur an seinem markanten Attribut, dem Fisch.

St. Ulrich in Benediktinerklöstern – in Irsee, Ottobeuren und anderswo

Bei einer Suche nach Ulrichs Spuren im Allgäu kommt man an zwei großen schwäbischen Klöstern – Irsee und Ottobeuren – kaum vorbei. Beide sind Beispiele für die Ulrichsverehrung in schwäbischen und bayerischen Klöstern, die nicht überall auf den ersten Blick sichtbar wird. Und beim Blick auf beide wie auf weiter entfernte Klosterkirchen wird deutlich, dass die herausgehobene Verehrung des heiligen Ulrich, die wohl vom Benediktinerkloster St. Ulrich und Afra in Augsburg ausgegangen sein dürfte, insbesondere in den Klöstern des Benediktinerordens zu beobachten ist.

Ein Gemälde im Kloster Irsee

Das einstige Benediktinerkloster Irsee liegt nur etwa sechs Kilometer von der ehemaligen Reichsstadt Kaufbeuren entfernt. In der Kirche Mariä Himmelfahrt, St. Peter und Paul findet man den heiligen Ulrich wohl nur, wenn man weiß, dass man ihn im Auszugsbild eines Seitenaltars zu suchen hat. Dort ist er letztlich durch den Fisch in seiner Hand zu identifizieren. Weitere Attribute Ulrichs sind in dieser bald nach 1700 entstandenen barocken Malerei nicht zu erkennen.

Den heiligen Ulrich entdeckt man im Kloster Ottobeuren an der Außensäule des Hochaltars, ihm gegenüber stellt eine Stuckplastik den heiligen Konrad dar. Diese Konstellation verweist auch hier auf das Fischwunder der Ulrichslegende.

Im Kloster Ottobeuren: die Stuckplastik am Altar

Nur etwa 25 Kilometer westlich von Irsee, jedoch schon im Unterallgäu, liegt die einstige Benediktinerabtei Ottobeuren. Zusätzlich zum Bischofsamt war Ulrich von Augsburg einige Zeit Abt der Klöster in Kempten und Ottobeuren gewesen. Den Benediktinern von Ottobeuren konnte er die freie Abtwahl sichern. In der Benediktinerklosterkirche St. Alexander und Theodor findet man St. Ulrich leicht: Eine weiße Stuckfigur verkörpert ihn an einer Außensäule des Hochaltars.

Bei Benediktinern zwischen Ries und Alpen

Plastiken und Skulpturen verkörpern St. Ulrich erwartungsgemäß oft in den Klosterkirchen der Benediktiner zwischen dem Ries und den Alpen. Im Ries sieht man St. Ulrich in der Klosterkirche in Mönchsdeggingen, an der Donau im Donauwörther Kloster Heilig-Kreuz, in Kühbach in der Kirche des Benediktinerinnenklosters St. Magnus und in Oberbayern in der Abteikirche St. Maria des Klosters Ettal. Bischof Ulrich hatte auch für den Wiederaufbau des 955 von den Ungarn zerstörten Klosters Benediktbeuern gesorgt. In der Klosterkirche St. Benedikt personifizieren Stuckplastiken vor dem Bild des Hochaltars zwei Heilige: Bonifatius – und Ulrich.

Ein Porträt Bischof Ulrichs am Seitenaltar der Marktoberdorfer Kirche St. Martin zeigt den Bistumsheiligen – eher unüblich – barhäuptig. Seine Mitra ist jedoch im Hintergrund zu erkennen.

Marktoberdorf: der Heilige und die Nebenresidenz der Bischöfe

Weithin sichtbar steht die Marktoberdorfer Stadtpfarrkirche St. Martin unweit des ehemaligen bischöflichen Schlosses. In einer Kirche nahe dieser Nebenresidenz der Augsburger Bischöfe überrascht es kaum, auch dort auf den Bistumsheiligen Ulrich zu stoßen.

Der Sitz einer bischöflichen Propstei in dem Ostallgäuer Dorf mit Namen Oberdorf wurde schriftlich erstmals 1424 erwähnt. Nicht zuletzt der Lage in der lieblichen Ostallgäuer Landschaft war es geschuldet, dass dort im frühen 16. Jahrhundert eine der Nebenresidenzen der Augsburger Bischöfe im Allgäu entstanden war. Sie wurde zunächst erweitert, dann zwischen 1723 und 1728 durch den Neubau des Oberdorfers Johann Georg Fischer ersetzt.

Genutzt wurde der Neubau dann vor allem als Jagdschloss und Sommersitz. Die barocke Vierflügelanlage auf einer Anhöhe über dem Ort war von 1736 bis 1814 durch einen hölzernen Gang mit der nahen Kirche St. Martin verbunden. Die Ausstattung der

Ein Kinderengel auf dem Altargemälde mit St. Ulrichs Porträt trägt das Evangelienbuch. Auf dem Buchdeckel liegt der Fisch.

heutigen Stadtpfarrkirche St. Martin strahlt bis heute etwas von dem Glanz der ehemaligen Nebenresidenz aus. Und selbstverständlich kann in dieser Kirche auch eine Darstellung des Bistumsheiligen Ulrich nicht fehlen. Noch 1785, also nur wenige Jahre vor der Säkularisation, entstanden zwei schräggestellte Seitenaltäre im Chorraum der Kirche. Sie zeigen rechts Johann Nepomuk, links St. Ulrich. Sein Sitzporträt bildet den Bischof von Augsburg mit segnender Geste und mit dem Bischofsstab in seiner Linken ab. Die Mitra und den Fisch auf dem Evangelienbuch als Attribute St. Ulrichs hat der Maler für die Hintergrundkulisse genutzt: Das alles hat er hinter dem Rücken des Heiligen platziert. Ein Putto hält das Buch mit dem Fisch.

Die barocke Vierflügelanlage des ehemaligen bischöflichen Schlosses in Marktoberdorf liegt in Sichtweite der Stadtpfarrkirche St. Martin.

Eine Stuckfigur in Weiß und Gold verkörpert Bischof Ulrich im Chor der prächtig dekorierten Kirche im Dörfchen Bertoldshofen.

Bertoldshofen: barockes Baujuwel und Fanal der Gegenreformation

Die spätbarocke Pracht der Pfarrkirche St. Michael im Dorf Bertoldshofen überwältigt mit seiner Architektur und mit seiner reichen Ausstattung. Der Glanz dieses Baujuwels ist mitnichten der bischöflichen Residenz im nahen Marktoberdorf geschuldet, sondern dem Wirken eines Dorfpfarrers. Im Chor dieser Kirche, die auch ein Fanal der Gegenreformation war, personifizieren zwei weiße Stuckfiguren die Bistumsheiligen Ulrich und Afra.

Das Dörfchen Bertoldshofen ist heute ein Stadtteil von Marktoberdorf. Dieser Ort liegt gerade einmal dreieinhalb Kilometer östlich der dortigen Nebenresidenz der Bischöfe. Diese Nähe ist auf den ersten Blick die einzig mögliche Erklärung für die schier abstruse Diskrepanz zwischen der Größe des Dorfes – mit seinen (heute) nicht einmal tausend Einwohnern – und der Größe sowie der prachtvollen Ausstattung der Kirche St. Michael. Doch das täuscht, denn der Bauherr war kein Bischof, sondern ein Dorfpfarrer: Ein gewisser Johann Ulrich Julius soll den spätbarocken Umbau dieser Kirche initiiert haben. Ein Porträt des Geistlichen

In St. Michael stellt eine weiße Stuckfigur die Bistumsheilige Afra dar. Eine naturalistische Skulptur zeigt einen Jakobspilger.

mit einem Baumodell in der Hand – abgebildet in der Pose eines Stifters – entdeckt man in einer Kartusche an der Decke des Oratoriums. Den Plan für den Umbau der Kirche St. Michael hatte 1727 Johann Georg Fischer geliefert. Fischers Lehrmeister war sein Onkel Johann Jakob Herkomer gewesen – jener Baumeister, der bis 1712 die Kirche St. Ulrich in Seeg geplant hatte.

Mit ihrem Patrozinium, dem schwertschwingenden Erzengel Michael am Hochaltarblatt und einem Fresko, das den Papst als Bezwinger der „Irrlehrer" Luther, Calvin, Zwingli und Hus zeigt, ist St. Michael ein Fanal der Gegenreformation. Im Chor dieser Kirche stellen weiße Stuckfiguren St. Ulrich und St. Afra dar.

Barocke Formen vom Feinsten: Die äußerst bemerkenswerte Kirche im Dörfchen Bertoldshofen entstand wohl nicht zuletzt vor dem Hintergrund einer florierenden Wallfahrt: Überliefert ist ein „beachtlicher Pilgerstrom".

In der schier erschlagenden Bilderflut des im Kern romanischen Welfenmünsters in Steingaden geht eine Skulptur des heiligen Ulrich hoch über dem Chorraum nahezu unter.

Steingaden: die Figur des Bischofs im Chor des Welfenmünsters

Das Welfenmünster in Steingaden ist eines der wohl imposantesten Bauwerke im gesamten Lechtal. In der Fülle von Bildern und Eindrücken in der romanischen Basilika die nicht allzu große Skulptur auszumachen, die auch hier St. Ulrich verkörpert, ist nicht einfach.

Steingaden kennt man weltweit – wegen der Wieskirche, seit 1983 UNESCO-Welterbe. Die oberbayerische Gemeinde liegt im sogenannten Pfaffenwinkel, weshalb es nicht sehr überrascht, dass dieser kleine Ort mit seinen nur rund 3000 Einwohnern noch eine zweite atemberaubend schöne Kirche aufzuweisen hat: eine romanische Basilika – das Welfenmünster, benannt nach Herzog Welf VI., der hier 1147 ein Prämonstratenserkloster gründete. Die Klosterkirche (die heutige Pfarrkirche St. Johannes der Täufer) wurde nach Schäden im Bauernkrieg von 1525 und im Dreißigjährigen Krieg im Jahr 1646 barockisiert. Die einige Meter über dem Chorraum aufgestellte Skulptur St. Ulrichs ist schwer zu finden. Immerhin nennt eine Kartusche seinen Namen.

Am Vitusaltar, einem der beiden Seitenaltäre in der Dorfkirche von Urspring, einem Ortsteil von Steingaden, fällt die gotische Schnitzfigur des heiligen Ulrich sofort ins Auge.

Urspring: ein gotischer Bischof in der romanischen Dorfkirche

Das Dörfchen Urspring ist ein Ortsteil der Gemeinde Steingaden: Nur gut zwei Kilometer vom Welfenmünster entfernt steht hier die im Kern romanische Filialkirche St. Maria Magdalena. Dort sieht man einen recht pausbäckigen Bischof Ulrich, verkörpert durch eine gotische Schnitzfigur an einem Vitusaltar, auf den ersten Blick.

Die Filialkirche St. Maria Magdalena in Urspring – einem Dörfchen mit ungefähr 300 Einwohnern – ist vom Steingadener Welfenmünster lediglich einen etwa halbstündigen Spaziergang entfernt. Die Begeisterung, mit der die Bewohner von Urspring „ihren" St. Ulrich herzeigen, ist kaum anders als anrührend zu nennen. Und anders als im mächtigen Welfenmünster sieht man hier die gotische Schnitzfigur des Augsburger Bischofs im Inneren der Kirche auf den ersten Blick. Den rechten Seitenaltar mit einem Gemälde des heiligen Vitus zieren farbig gefasste Holzfiguren der Heiligen Ulrich und Konrad: Die Figuren verkörpern also die beiden am Fischwunder beteiligten Bischöfe.

Die Kreuzbergkirche südlich von Steingaden ist nicht zugänglich – mit einer Ausnahme: Anlässlich des Ulrichsritts kann sie einmal im Jahr besichtigt werden. Dann sieht man auch die Figuren der Bistumsheiligen Ulrich und Afra am Altar.

Pest und Pferde: der St.-Ulrichs-Ritt zur Kirche Heilig Kreuz bei Steingaden

Als eine Pestwelle die Menschen im Lechtal heimsuchte, ließen die Prämonstratenser des Klosters Steingaden in der Hoffnung auf die Gnade Gottes im Jahr 1564 die Kirche Heilig Kreuz auf dem Kreuzberg errichten. 1728 erweiterte der als Baumeister der Kirchen in Bertoldshofen und Bernbeuren bekannte Johann Georg Fischer den Sakralbau, der knapp drei Kilometer südlich des Ortskerns von Steingaden auf dem namensgebenden Kreuzberg steht. Diese Kirche ist in aller Regel nicht zugänglich. Jahr für Jahr kann sie jedoch anlässlich des traditionellen St.-Ulrichs-Ritts am Sonntag nach dem Ulrichstag (4. Juli) besichtigt werden. An diesem Umritt dürfen sich nur Reiterinnen und Reiter beteiligen, die in der ortsüblichen Tracht im Sattel sitzen. In Steingaden wird der Ulrichstag der Überlieferung nach seit der Zeit der Pest im 16. Jahrhundert begangen.

Wenn die Kreuzbergkirche zugänglich ist, findet man dort am Altar die beiden Figuren der Bistumsheiligen Ulrich und Afra. An der Decke der Heilig-Kreuz-Kirche sieht man drei Pferdepatrone – St. Ulrich, St. Coloman und St. Wendelin.

In der Pfarrkirche St. Nikolaus in Bernbeuren stellt eine in Weiß und Gold gefasste große Schnitzfigur den heiligen Ulrich dar. Ein Putto zu seinen Füßen reicht St. Ulrich den Fisch.

Am Altar in Bernbeuren reicht ein Kinderengel St. Ulrich den Fisch

Die prachtvolle Ausstattung der barocken Pfarrkirche St. Nikolaus in Bernbeuren ist angesichts der überschaubaren Ortsgröße doch sehr überraschend. Auch in dieser Kirche im Pfaffenwinkel sieht man den heiligen Ulrich.

Auch in Bernbeuren, einer oberbayerischen Gemeinde mit nur ungefähr 2500 Einwohnern, betritt man eine jener Kirchen im Pfaffenwinkel, bei denen man die Ortsgröße und die Pracht der Innenausstattungen rational nicht so recht in Beziehung setzen kann. Den heiligen Ulrich sieht man hier als weiße Stuckplastik an der marmorierten gedrehten Säule des Hochaltars. Ein Putto zu Füßen Ulrichs reicht ihm den Fisch. Das Pendant des Heiligen am Altar ist der Namenspatron dieser Kirche – St. Nikolaus. Ihn entdeckt man sogar als Dachreiterfigur auf dem Dachfirst des Sakralbaus. Für die hohe Qualität der nach einem Brand im Jahr 1720 neu errichteten Kirche sorgte ein prominenter Baumeister: Johann Georg Fischer. Er lieferte wenige Jahre später auch die Pläne für die überaus glanzvolle Kirche im nahen Bertoldshofen.

In einem Fresko in der Kirche Mariä Heimsuchung im Ostallgäuer Flößerdorf Lechbruck reicht ein Engel auf der Malerei von 1788 Bischof Ulrich den Fisch auf dem Evangelienbuch.

Lechbruck: St. Ulrich als Patron eines Ostallgäuer Flößerdorfs

Hoch über der einst als Flößerdorf bekannten Gemeinde Lechbruck am See steht die frühklassizistische Pfarrkirche Mariä Heimsuchung. Dort erinnern Gemälde an der Empore an die ungewöhnliche Sozialstruktur dieses Dorfs im Lechtal. Fresken hoch über den Seitenaltären vor dem Chorbogen stellen St. Ulrich und Afra dar.

Das Rokoko ging eben zu Ende, als hoch über dem Dorfkern von Lechbruck ab 1786 die Pfarrkirche Mariä Heimsuchung im Stil des frühen Klassizismus erbaut wurde. Es ist eine Kirche, die in weit und breit einzigartiger Art und Weise die Sozialgeschichte dieser Ostallgäuer Gemeinde widerspiegelt. Die Kirche ist zwar durchaus sehenswert, und Bilder unter der Empore erinnern an die einstige Wallfahrt zu „Unserer Lieben Frau am Lech". Doch die bekanntesten und auch meistpublizierten Gemälde in dieser Kirche sieht man an der Emporenbrüstung: Sie sind Denkmäler der Geschichte des Ortes und seiner Sozialstruktur. Denn diese Bilder zeigen die Flößerei auf dem Lech (wegen der es heute im

Als Pendant zum Bistumsheiligen Ulrich zeigt ein Fresko in einer Nische neben dem Chorbogen die Märtyrerin Afra, die auf einer Lechinsel nahe bei Augsburg verbrannt worden sein soll.

Ort ein Flößereimuseum gibt). Grund und Boden in Lechbruck waren im Besitz des Hochstifts: Die Menschen im Dorf mussten mangels eigener Äcker und Wiesen ihr tägliches Brot oft mit der mühseligen und nicht ungefährlichen Lechflößerei sowie in den mit der Flößerei verbundenen Handwerksberufen verdienen.

In der Kirche des Ostallgäuer Flößerdorfs, das westlich des Lechs und nur wenige Kilometer von Steingaden und Bernbeuren entfernt liegt, sieht man auch die beiden Bistumsheiligen Ulrich und Afra. Sie sind in zwei Freskennischen hoch über den beiden Seitenaltären vor dem Chorbogen dargestellt.

Die wohl bekannteste Malerei in Mariä Heimsuchung zeigt Lechflößer vor der Lechbrücke bei Lechbruck. Über der Szene erscheint Johannes Nepomuk: Der Brückenheilige ist auch der Schutzpatron der Flößer sowie bei Wassergefahren.

Im Deckenfresko der Kirche St. Afra in Betzigau erkennt man St. Ulrich, St. Afra und St. Magnus als Fürbitter vor Maria.

Betzigau – im Deckenfresko: Ulrich und Afra als Fürbitter der Gemeinde

In der Pfarrkirche St. Afra in Betzigau entdeckt man die Bistumspatronin Afra und den Bistumspatron Ulrich im barocken Deckenfresko als Fürbitter der Gemeinde. Im Ortsteil Leiterberg sieht man in der modernen Kapelle St. Ulrich eine zeitgenössische Darstellung des Heiligen.

Die Pfarrkirche St. Afra in Betzigau liegt nur etwas mehr als sechs Kilometer östlich der fürstäbtlichen Residenz in Kempten. Die im 15. Jahrhundert erbaute Dorfkirche ließen die Kemptener Fürstäbte 1690 und 1777 umgestalten und barockisieren. 1777 entstand dort das große Deckenfresko: Diese Malerei lässt die Bistumspatronin Afra sowie den Bistumspatron Ulrich neben St. Magnus (dem sogenannten Apostel des Allgäus) im Gewölk zu Füßen der Madonna als Fürbitter der Gemeinde erkennen.

Die Kapelle St. Ulrich im Gemeindeteil Leiterberg

Das nahe Dörfchen Leiterberg ist eines von 33 Betzigauer Gemeindeteilen. Dort lässt die Kapelle St. Ulrich die ungebrochene

Den heiligen Ulrich verkörpert auch eine barocke Skulptur an der nördlichen Langhauswand in der Betzigauer Kirche St. Afra.

Tradition der Ulrichsverehrung im Oberallgäu erahnen. Im Zuge einer Ortsversammlung im Jahr 1988 wurde der Bistumsheilige Ulrich zum Patron einer neuen (bereits seit 1908 angedachten) Kapelle bestimmt – auch, weil eine mehr als tausendjährige Verbindung zwischen diesem Dorf und dem Heiligen überliefert ist. Denn in seinem Nebenamt als Abt des Klosters in Kempten hatte der Bischof von Augsburg diesem Kloster an der Iller 952 einen halben Hof in Leiterberg übertragen. In der dort 1988 geweihten Kapelle stellt ein steinernes Relief den Kirchenpatron dar. Auf zwei Steintafeln neben dem Ulrichsrelief ist auch der Fisch des Bistumsheiligen zu erkennen. Die Inschriften auf weiteren Tafeln geben den Bezug zwischen Leiterberg und St. Ulrich wieder.

In der im Jahr 1988 geweihten Ulrichskapelle im Betzigauer Gemeindeteil Leiterberg wird Bischof Ulrich mittels zeitgenössischer Bildhauerkunst verkörpert. Ein steinernes Relief an der Stirnwand der Kapelle stellt den Bistumsheiligen dar.

In der Kapelle St. Ulrich in Wagenbühl bei Wiggensbach sieht man den heiligen Ulrich – und einen auffallend großen Fisch.

Wagenbühl: St. Ulrich ohne Buch, aber mit einem sehr großen Fisch

In der Ulrichskapelle in Wagenbühl, einem Ortsteil von Wiggensbach, entdeckt man eine Ulrichsfigur. Sie ist keine große Kunst, aber wohl ein halbes Jahrtausend alt.

Die Kapelle St. Ulrich in Wagenbühl muss man sich so klein wie eine Einfachgarage vorstellen. Sie beherbergt ein authentisches und sehr altes Beispiel der Ulrichsverehrung. Die farbige Ulrichsfigur entstand wohl um 1500. Der untypisch große Fisch in der bloßen Hand lässt eine Zweitverwendung dieser Figur vermuten.

Nicht einmal der akribische Kunstdenkmalführer „Dehio" listet die Kapelle St. Ulrich in Wagenbühl auf. Die geschnitzten Heiligen in dieser Kapelle fallen eher nicht in die Kategorie große Kunst. Sie sind aber originelle Schöpfungen volkstümlicher Bildschnitzerei.

Auch in Allgäuer Kirchen wie der in Seeg geht es um die Ungarnschlacht – und um die Wehrhaftigkeit des Bischofs von Augsburg im Jahr 955: Sie wurde 1955 zum Vorbild.

Bischof Ulrich, die Lechfeldschlacht – und die Gründung der Bundeswehr

Bei einer so prägenden, zeitlich aber weit entfernten Persönlichkeit wie Bischof Ulrich verwundert es nicht, wenn er von vielen Seiten interpretiert und vereinnahmt wird. Die Lechfeldschlacht, ein Motiv in vielen Ulrichskirchen (wie denen in Eresing und Seeg) spielte 1955 sogar in der Diskussion um die Gründung der Bundeswehr eine Rolle. Im Ulrichsjahr von 1955 sagte Außenminister Heinrich von Brentano (vielleicht noch nicht ganz frei von der Wortwahl vergangener Zeiten) im Juli vor 60 000 Menschen im Augsburger Rosenaustadion: „Damals standen vor den Toren des Abendlandes, vor den Toren dieser Stadt [...] die heidnischen Nomadenschaften des Ostens; Verderben und Untergang drohten. Jetzt stehen wiederum, nicht sehr viel weiter von dieser Stadt entfernt, die Massen des Ostens [...]. In gewisser Beziehung ist die Gefahr noch gewaltiger als damals. Denn nicht vereinzelte Nomadenhorden sind es jetzt, mit denen wir es zu tun haben, sondern ein Block von der Größe eines Erdteils, wohl organisiert und gegliedert." Der Minister nannte St. Ulrich als Beispiel für die „Verteidigungskraft". „Auch wir haben gelernt, dass wer den Frieden will, gegenüber der Bedrohung nicht schutzlos sein darf." Im November 1955 wurde die Bundeswehr gegründet.

Die Schlacht auf dem Lechfeld tobt auch im Deckenfresko im Chor der Kirche St. Ulrich in Seeg. Bischof Ulrich und König Otto I. galoppieren dort siegreich durch die Reihen der Ungarn.

In Seeg: St. Ulrich, das Rokoko und die Schlacht auf dem Lechfeld

„Dem Himmel ein Stück weit näher" – mit diesem Slogan wirbt eine Broschüre für den Besuch der Kirche St. Ulrich in Seeg. Sowohl die Architektur dieser 1725 geweihten Kirche als auch ihre prachtvolle Ausstattung im Stil des Rokokos – sowie nicht zuletzt die Lage der Kirche vor der Kulisse der Alpen – machen St. Ulrich zu einer der großen Sehenswürdigkeiten im Ostallgäu. Darstellungen des Namenspatrons findet man dort etliche – nicht zuletzt auch hier in einem Fresko, das Bischof Ulrich in der Schlacht auf dem Lechfeld zeigt.

Neben dem Augsburger Dom, der dortigen Basilika St. Ulrich und Afra, St. Ulrich in Eresing sowie der Kirche St. Ulrich im nicht einmal 20 Kilometer entfernten Tiroler Pinswang ist die Ostallgäuer Kirche St. Ulrich sicherlich eine „der" Ulrichskirchen, die bei einer Suche nach den Spuren des Augsburger Bischofs und Bistumsheiligen nicht fehlen dürfen. Im Seeger Rokokojuwel liegt zudem quasi auch noch ein Hauch von UNESCO-Welterbe

Das Deckenfresko der Lechfeldschlacht ist ein Meisterwerk der Rokokomalerei: Geschaffen hat es der Maler Balthasar Riepp.

in der Luft: Der Baumeister Johann Jakob Herkomer, nach dessen Plänen die Pfarrkirche St. Ulrich ab 1701 entstand, gilt als einer, von dem der Baumeister Dominikus Zimmermann vieles gelernt haben soll. Und eben jener Dominikus Zimmermann er-

Der Blick durch die Kirche auf den Chor: Auf dem Hochaltarblatt ist St. Ulrich als Fürbitter vor der Muttergottes abgebildet.

Ein Detail abseits der großen Kunst: St. Ulrich und seinen Fisch sieht man in der Seeger St.-Ulrichs-Kirche sogar auf einer Sammelbüchse abgebildet.

baute die Wieskirche bei Steingaden, die heute auf der Liste des UNESCO-Welterbes steht. Herkomer, dessen Vorfahren aus Seeg stammten, sowie Künstlerkollegen wie der Donauwörther Maler Johann Baptist Enderle oder der in Kempten geborene Maler Balthasar Riepp schufen mit der Ulrichskirche in Seeg ein – zudem prachtvoll stuckiertes – Gesamtkunstwerk im Rokokostil.

Zwei Fresken der Ulrichskirche in Seeg feiern den Sieg der Christenheit über die Heiden

Die Hauptfresken in der Seeger Ulrichskirche veranschaulichen den Sieg des Christentums über die „Ungläubigen". Vor der im Hintergrund angedeuteten Stadtsilhouette Augsburgs – gesehen aus Richtung Westen – prescht Bischof Ulrich von Augsburg mit Mitra und Bischofsstab hoch zu Ross durch die Schlacht auf dem Lechfeld – auch hier Seite an Seite mit König Otto I. „dem Großen", der auf seinem Haupt die Reichskrone trägt. Riepp hat diese Szene für das von ihm geschaffene Chorfresko drastisch ausgestaltet: Erschlagene Krieger, im Gefecht verlorene Schilde und gestürzte Pferde bedecken das Schlachtfeld. Um Krieg geht es auch im Fresko über dem Langhaus, für das Johann Baptist

Eine kleine Nischenfigur stellt St. Ulrich hoch oben in einem Erkertürmchen an der Nordfassade der Ulrichskirche dar.

Enderle das Motiv der Seeschlacht von Lepanto umsetzte. Sein Werk zeigt den siegreichen Kampf der christlichen Flotte gegen die osmanische Seemacht am 7. Oktober 1571. Diese Seeschlacht wurde als Schicksalsschlacht des Abendlands mythisiert.

Darstellungen des heiligen Ulrich im Chorraum sieht man hier (wegen einer Alarmanlage) in der Regel nur von Weitem. Für das Altarblatt des Hochaltars hat Johann Baptist Enderle um 1775/78 St. Ulrich als Fürbitter vor der Muttergottes gemalt. An einer Wand im Chor ist eine Ulrichsfigur zu erahnen. In der Nische eines Erkertürmchens an der Nordfassade dieser Kirche verkörpert eine Figur mit Mitra und Bischofsstab den Heiligen.

Nicht nur die Kunst des Rokokos, sondern auch ihre Lage vor dem Panorama der nahen Alpen haben die Kirche St. Ulrich in Seeg äußerst populär werden lassen.

Am Altar der Dorfkirche von Knottenried trägt eine Figur, die St. Ulrich darstellt, den Fisch nicht auf einem Evangelienbuch, sondern hält ihn nur in der bloßen Hand: Das wirft Fragen auf.

Knottenried: „Heiligen-Recycling" für eine Figur des heiligen Ulrich?

In der Kirche St. Oswald in Knottenried hält die Figur des heiligen Ulrich seinen Fisch ohne das sonst übliche Evangelienbuch als Unterlage in der Hand. Vermutlich wurde hier die Figur eines anderen Heiligen umgenutzt.

Derart abgelegen und unbekannt ist das Dorf Knottenried, heute ein dörflicher Stadtteil von Immenstadt, dass die kleine Kirche St. Oswald noch nicht mal im sonst so überaus exakten Kunstdenkmalführer „Dehio" aufgeführt wird. Doch auch in der Dorfkirche St. Oswald, die bis in das zweite 17. Jahrhundert hinein das Doppelpatronat St. Konrad und St. Ulrich gehabt haben soll, entdeckt man ein Beispiel volkstümlicher Ulrichsverehrung. Hier sieht man St. Ulrich als Seitenfigur an dem von vier marmorierten Säulen gerahmten barocken Altar. Dass diese Heiligenfigur in recht unüblicher Weise den Fisch in der Hand hält und nicht auf dem Evangelienbuch trägt, lässt eine Vermutung zu: Für den Altar in Knottenried wurde wohl die Figur eines anderen Heiligen „recycelt" und mittels angehängtem Fisch um- und zweitgenutzt.

Im Gewimmel der Figuren am Altar der Wallfahrtskirche Maria Rain ist St. Ulrich auf den ersten Blick schwer auszumachen.

Oy-Mittelberg – wo man St. Ulrich nur sehr schwer oder leicht entdeckt

Auch in zwei Kirchen im Oberallgäuer Oy-Mittelberg findet man St. Ulrich, wobei man dort den Heiligen an einem singulären Altar mit scharfem Auge suchen muss.

An den 44 Ortsteilen von Oy-Mittelberg kommt man bei einer Suche nach Ulrich im Allgäu kaum vorbei. Den Heiligen entdeckt man nur mit Mühe in der Figurenfülle des Altars der Wallfahrtskirche Maria Rain („Dehio": „singulär in Bayerisch-Schwaben"). In Petersthal findet man Ulrich problemlos als Figur vor dem Altar.

Am Hochaltar der Pfarrkirche St. Peter und Paul in Petersthal, einem von 44 Gemeindeteilen von Oy-Mittelberg im Oberallgäu, verkörpert eine Figur im Stil des Rokokos den heiligen Ulrich. Flankiert wird er auch dort von der Bistumsheiligen St. Afra.

Auch in einem Wandfresko im Chor der Pfarrkirche St. Ulrich in Wertach reitet Bischof Ulrich durch das Gemetzel der Schlacht auf dem Lechfeld. Diese Wandmalerei entstand, als die Kirche nach dem großen Ortsbrand von 1893 neu ausgestattet wurde.

In Wertach reitet der heilige Ulrich in die Schlacht auf dem Lechfeld

1893 stand das Dorf Wertach in Flammen: Nach diesem Ortsbrand behob man auch die Schäden an der Kirche St. Ulrich. Seit dieser Zeit zeigt hier ein Wandfresko die Schlacht auf dem Lechfeld. Dort, am Altar und an einem Brunnen vor der Kirche ist St. Ulrich zu erkennen.

Glaubt man der örtlichen Überlieferung, hat Bischof Ulrich die erste Pfarrkirche in Wertach geweiht. Mit dieser Kirche hat die heutige Pfarrkirche St. Ulrich freilich nichts zu tun. Mehr noch: Weil in Wertach – wie überall im Allgäu – Holz der bevorzugte Baustoff war, richtete 1893 ein Ortsbrand dort so große Schäden an, dass auch die 1696 geweihte Dorfkirche umfassend erneuert werden musste. Dabei wurde sie erheblich umgestaltet. Im Jahr 1897 entstand so das große Wandfresko an der Chorwand von St. Ulrich. Auf der hochformatigen Wandmalerei reitet Bischof Ulrich mit dem Siegeskreuz in seiner hoch erhobenen rechten Hand durch das Hauen, Stechen und Sterben der in drastischem

Das Gemälde im Auszug des Hochaltars zeigt Bischof Ulrich, der betend neben einem Engel mit dem Ulrichskreuz kniet.

Realismus dargestellten Schlacht auf dem Lechfeld im Jahr 955. Indirekt erinnert aber auch das Gemälde im Auszug des Hochaltars an die Ungarnschlacht: Dort kniet Bischof Ulrich betend neben einem Engel, der das Siegeskreuz in der Hand hält. Dass es sich bei dem dargestellten Bischof unzweifelhaft um Ulrich von Augsburg handelt, zeigt einer der beiden Putti zu Füßen des Heiligen: Er reicht St. Ulrich nämlich das Evangelienbuch, auf dem dessen so markantes Attribut – der Fisch – liegt.

Vor der Wertacher Ulrichskirche steht ein moderner Ulrichsbrunnen. Die steinerne Brunnenfigur verkörpert den Heiligen. Der Beckenrand trägt die Inschrift „HL ULRICH BITTE FÜR UNS".

Die steinerne Figur eines Brunnens vor der Wertacher Pfarrkirche St. Ulrich stellt den Namenspatron dieses Gotteshauses dar.

In der Pfarrkirche St. Stephan in Rettenberg, einem Dorf nahe Burgberg, verkörpert eine aus Holz geschnitzte Skulptur Bischof Ulrich von Augsburg im opulenten Stil des Rokokos.

Rettenberg: St. Ulrich und St. Afra als Büsten auf den Beichtstühlen

In der Pfarrkirche St. Stephan im Allgäuer Rettenberg entdeckt man eine recht außergewöhnliche Umsetzung des Ulrich-und-Afra-Motivs. Zwei Büsten der Bistumsheiligen Ulrich und Afra bekrönen hier die Beichtstühle.

Etwas mehr als viereinhalb Kilometer nördlich von Burgberg liegt das Dorf Rettenberg. Die Kirche St. Stephan bildet unübersehbar das Zentrum eines Oberallgäuer Dorfs, dessen nur 4500 Einwohner weit verstreut in 37 Gemeindeteilen zuhause sind. Die im Kern gotische kleine Kirche wurde nach einem Brand in den darauffolgenden Jahren – von 1728 bis 1730 – erweitert und dabei neu ausgestattet. Die Beichtstühle in dieser barocken Kirche stehen hier beiderseits des Altars. Diese eher ungewöhnliche Konstellation war wohl der geringen Größe des Saalbaus geschuldet. Geschnitzte Büsten der Bistumsheiligen Ulrich und Afra bekrönen jeweils einen der Beichtstühle. Die fein gearbeiteten, farbig und mit viel Blattgold gefassten Holzbüsten wurden 1780/90 im üppigen, beschwingten Stil des Rokokos geschnitzt.

Statuetten der Bistumspatrone St. Ulrich und Afra entdeckt man zu beiden Seiten des Altars der Kapelle St. Maria Magdalena im Dörfchen Greggenhofen.

In Greggenhofen: St. Ulrich und St. Afra in der kleinen Dorfkapelle

Weit abseits stärker frequentierter Straßen liegt das Dörfchen Greggenhofen, ein Ortsteil von Rettenberg. Dort ist ein Altärchen in der kleinen Kapelle St. Maria Magdalena ein reizvolles Beispiel für die volkstümliche Verehrung der Bistumsheiligen St. Ulrich und Afra.

Die winzige Kapelle St. Maria Magdalena steht inmitten jener wenigen Häuser, die das Dorf Greggenhofen ausmachen. Dieser Ortsteil von Rettenberg zählt nur etwa 130 Einwohner. Doch die Verbindungen Greggenhofens zum Augsburger Kloster St. Ulrich und Afra sind urkundlich gesichert bis 1187 zurückzuverfolgen.

In der liebevollst ausgestatteten Kapelle St. Maria Magdalena stehen auf Podesten beiderseits des 1817 geschaffenen Altars farbig gefasste Assistenzfiguren der Bistumsheiligen Ulrich und Afra. Ein originelles Deckengemälde zeigt die Folterwerkzeuge Jesu sowie den krähenden Hahn. Diese Kapelle in Greggenhofen ist ein typisches Beispiel gelebter Volksfrömmigkeit im Allgäu.

Die Pfarrkirche St. Ulrich in Burgberg im Allgäu erinnert an Bischof Ulrich von Augsburg – und an den Eisenerzabbau am nahen Grünten. Im Deckenfresko der Kirche reitet Bischof Ulrich durch das Gemetzel der Schlacht auf dem Lechfeld.

Burgberg – der heilige Ulrich im „Knappendorf" am Grünten

Der Eisenerzabbau am Grünten war für das Hochstift Augsburg eine sprudelnde Einnahmequelle. Wohl auch darum findet man im kaum mehr als 3000 Einwohner zählenden Burgberg im Allgäu eine Ulrichskirche, in der ein Deckenfresko die Schlacht auf dem Lechfeld zeigt.

Weil es ein höchst seltenes, nicht beeinträchtigtes Geotop ist, stuft der „Umweltatlas Bayern" das „Schaubergwerk Erzgruben am Grünten" im Gebiet der Gemeinde Burgberg i.Allgäu (so die amtliche Schreibweise) als ein heimatkundlich wie touristisch bedeutendes Geotop ein. Die gut erhaltenen Stollen am knapp vier Kilometer entfernten Grünten zeigen, dass dort vom 14. bis zum 19. Jahrhundert nach Eisenerz gegraben wurde. Deshalb wurde Burgberg bereits im 15. Jahrhundert als „Knappendorf" bezeichnet. Bis ins 19. Jahrhundert gab der Erzabbau Grubenarbeitern – den Bergknappen – Lohn und Brot. Weil der Wald um Burgberg, der das Holz für die Grubenstempel und für zwei

Eine der Seitenfiguren an einer Langhauswand in der Pfarrkirche St. Ulrich verkörpert den Namenspatron.

Schmelzöfen an der Starzlach geliefert hatte, schon im 16. Jahrhundert weitgehend abgeholzt war, wurde das Roherz im nahen Sonthofen oder im acht Kilometer östlich gelegenen Hindelang verhüttet, da es dort noch genug Brennholz für die Schmelzöfen gab. Der Name der Einöde Erzflöße im Gemeindegebiet von Burgberg lässt vermuten, dass Roherz (zumindest streckenweise?) auf der Starzlach und der Ostrach transportiert worden sein könnte. Die 2006 eröffnete „Erzgruben Erlebniswelt am Grünten" erinnert jedenfalls an den Erzabbau an den Flanken dieses Berges.

Das Hochstift Augsburg hatte die namensgebende Burg von Burgberg 1564 erworben. Nur zwei Jahre später fiel die gesamte

Am Himmel über der Szenerie der Lechfeldschlacht schwebt auch in der Ulrichskirche in Burgberg ein Engel mit dem sogenannten Ulrichskreuz, dem „Crux victorialis".

Die moderne Fassadenmalerei unter einer Sonnenuhr über dem südlichen Seitenportal von St. Ulrich zeigt den Namenspatron.

Herrschaft Burgberg – und mit ihr auch der ertragreiche Abbau von Eisenerz – an das Hochstift Augsburg. Diese Konstellation erklärt die Größe der Dorfkirche St. Ulrich in Burgberg und den künstlerischen Rang ihrer Ausstattung.

Im barocken Langhausfresko preschen Ulrich und Otto hoch zu Ross nebeneinander durch das Gemetzel der Ungarnschlacht. Über der mit etlichen grausamen Details ausgestalteten, im Jahr 1760 gemalten Szene schwebt ein Engel mit dem siegbringenden Ulrichskreuz in der Rechten. Seine Linke hält wohl einen Palmenzweig, vielleicht ein Symbol für die Erwartung, dass die Trauer und das Leid der Kriege eines Tages enden würden. Im Langhaus stellt eine der Figuren auf einer Wandkonsole Bischof Ulrich von Augsburg dar: Die Inschrift einer Plakette nennt seinen Namen.

In Burgberg stößt man an zwei Kirchenportalen auf den heiligen Ulrich und seinen Namen

Der 1773 geweihten Ulrichskirche ist ihr Patrozinium bereits vor dem Betreten des Inneren unzweifelhaft anzusehen. Eine Fassadenmalerei unter einer Sonnenuhr über dem südlichen

Auf dem aus Bronze gegossenen Flügel des Hauptportals sieht man Ulrichs Namen neben der Mitra und dem Krummstab.

Seitenportal zeigt Ulrich mit Rauschebart und dem Fisch auf seinem Evangelienbuch sowie den rot-weißen Wappenschild des Hochstifts Augsburg und den Schriftzug „SANKT ULRICH".

Auf den aus Bronze gegossenen Türflügeln des Hauptportals prangt auf der linken Seite der Schriftzug „SANCTE UDALRICE", und darunter etwas kleiner „ORA PRO NOBIS" („Heiliger Ulrich, bitte für uns"), daneben Mitra und Bischofsstab. Ein Fisch ziert den rechten Türflügel, unter ihm die beiden Buchstaben Α und Ω: Alpha und Omega – der erste sowie der letzte Buchstabe des griechischen Alphabets. Sie stehen als christliches Symbol für Anfang und Ende, für Gott und Christus.

Der Fisch, das markante Attribut des heiligen Ulrich, ziert den rechten Türflügel am Hauptportal der Burgberger Pfarrkirche St. Ulrich.

Die Figuren der Bistumsheiligen Ulrich und Afra entdeckt man im Gesprenge des südlichen Seitenaltars in der neugotischen Bad Hindelanger Pfarrkirche St. Johannes Baptist.

In Bad Hindelang: der Bischof, der Bergbau und die Bergbauern

In Bad Hindelang stößt man beispielhaft auf mehrere Ursachen für die vom Hochstift Augsburg vermutlich geförderte Ulrichsverehrung im Oberallgäu. Ein Grund war die massive Präsenz der Bischöfe: Auch das Schloss in Hindelang war eine der Allgäuer Nebenresidenzen – vielleicht, weil die Oberallgäuer Eisenerzgruben für das Hochstift von großem wirtschaftlichen Interesse waren. Überdies hatte St. Ulrich traditionell Bedeutung für die Bewirtschaftung der Alpen mit Kühen – und Pferden.

1477 hatte der Bischof von Augsburg das Bergdorf Hindelang für das Hochstift Augsburg erworben. Eine erste Kirche und die Pfarrei in Hindelang sind schon seit 1435 überliefert. Die Kirche im Zentrum des Dorfs, nur ein paar Schritte vom ehemaligen bischöflichen Schloss (heute das Rathaus) gelegen, ist ein 1872 geweihter Neubau im Stil der Neugotik. Dort findet man im Gesprenge über dem südlichen Seitenaltar, dem Marienaltar, zwei Figuren, welche die Bistumspatrone Ulrich und Afra verkörpern.

Eine Ulrichsfigur findet man auch an einem Altärchen in der Dreifaltigkeitskapelle im Bad Hindelanger Weiler Krummenbach.

Weil der heilige Ulrich auch um gutes Wetter angerufen wurde, hatte er für die Bergbauern größte Bedeutung. Sie sömmerten das Vieh auf hochgelegenen, von Unwetter und frühem Schnee bedrohten Weideflächen. Auf eine der im Oberallgäu häufigen Feldkapellen stößt man im Bad Hindelanger Ortsteil Unterjoch: In der Dreifaltigkeitskapelle im Weiler Krummenbach steht eine Ulrichsfigur. Auf dem Weg ins Retterschwangtal (wo im Sommer Rösser der bischöflichen Pferdezucht weideten) kommt man an der Hornkapelle vorbei, in der eine kleine Ulrichsfigur steht. (Auch an Dutzenden weiterer Orte im Oberallgäu stößt man auf Wege- und Feldkapellen, welche die Volkstümlichkeit St. Ulrichs zeigen. Sie werden in der Spezialliteratur zum Allgäu aufgeführt.)

Am Weg ins Retterschwangtal, wo die Bischöfe von Augsburg die Rösser ihres Hindelanger Stutenhofs weiden ließen, liegt die Hornkapelle bei Bruck. In einer Altarnische steht dort eine Figur des heiligen Ulrich neben Figuren der Madonna und des heiligen Wolfgang.

Das Schloss in Hindelang war – neben den zwei Schlössern in Füssen und Marktoberdorf – die dritte Allgäuer Nebenresidenz der Bischöfe von Augsburg. Bis heute erinnern hier Denkmäler an zwei wirtschaftliche Interessen des Hochstifts Augsburg in diesem Bergdorf – Eisenerz und Pferdezucht.

St. Ulrich, die Pferdezucht der Bischöfe und die Hindelanger Hammerschmieden

Die Verbindungen zwischen Bad Hindelang und St. Ulrich reichen bis tief in das Mittelalter zurück. Denn der Weiler Liebenstein, ein Ortsteil dieser Oberallgäuer Marktgemeinde, wurde schon im Jahr 1145 in einer Güterschenkungsurkunde des Augsburger Klosters St. Ulrich und Afra erwähnt. Damit ist Liebenstein als älteste Ansiedlung im Ostrachtal belegt.

Nur selten aber ist die enge Verknüpfung zwischen den wirtschaftlichen Interessen der Bischöfe von Augsburg und dem Allgäuer Bergdorf bis heute so offensichtlich bezeugt wie bei der kleinen, 1789 erbauten Hornkapelle oberhalb des Weilers Bruck. Denn im Inneren hält eine Inschrift den Bauherrn der Feldkapelle fest: „Anton Schmideler, Stifter, / z. Zt. Beständer des hochfürstl. / Stutenhofes u. Retterschwang." Der Stifter bewirtschaftete also den 1660 errichteten bischöflichen Stutenhof, an den nur ein paar Schritte vom ehemaligen bischöflichen Schloss in Bad Hindelang entfernt eine Gedenktafel und ein Bischofswappen erinnern. Vorbei an der Hornkapelle trieb man die Rösser ins Retterschwangtal.

Die Spuren des Erzabbaus bei Bad Hindelang gaben der Alpe Erzberg, einer der 46 Alpen im Gemeindegebiet, den Namen.

Eine Gedenktafel an der Hausfassade der Alpe Mitterhaus erinnert an den „bischöflich-augsburgischen" Stutenhof. Im Erzbergtal südlich des Bad Hindelanger Ortsteils Hinterstein findet man bei der Alpe Erzberg noch heute die Spuren des Abbaus von Eisenerz: Mundlöcher und Geröllhalden der im Tagebau ausgebeuten Erzadern. Verarbeitet wurde das Eisen im Ostrachtal: Teils uralte Hindelanger Hammerschmieden mit ihren wasserradgetriebenen Hammerwerken zeugen davon.

Im Retterschwangtal erinnert eine Gedenktafel an der Alpe Mitterhaus an die Pferdezucht der Augsburger Bischöfe.

Den Bistumsheiligen Ulrich entdeckt man in der Pfarrkirche St. Andreas in Roßhaupten zweimal – auf einem gotischen Altargemälde und als Glasmalerei in einem der Kirchenfenster.

Roßhaupten: Bischof Ulrich im Gemälde und im Kirchenfenster

Sowohl in stilistischer als auch in technischer Hinsicht extrem unterschiedlich dargestellt sieht man St. Ulrich in der Pfarrkirche St. Andreas in Roßhaupten – auf einem spätgotischen Altarbild und in der neugotischen Glasmalerei eines Kirchenfensters im Chor.

Nachdem die Dorfkirche in Roßhaupten im Jahr 1618 niedergebrannt war, wurde sie bis 1630 neu errichtet. Deshalb, und weil die Kirche St. Andreas im frühen 18. Jahrhundert umgebaut und erweitert wurde, stammt die Ausstattung der Kirche aus unterschiedlichen Stilepochen. Das unterstreichen nicht zuletzt die beiden Darstellungen des Bistumsheiligen Ulrich in dieser Kirche. Unter der Westempore sieht man ihn (mit dem Kirchenpatron und der Bistumsheiligen Afra) auf einem spätgotischen Altargemälde. Eine zweite Darstellung des Bischofs von Augsburg entdeckt man in einem der Kirchenfenster im Chor in einer neugotischen Glasmalerei des späteren 19. Jahrhunderts. (Eine fast identische Darstellung sieht man im Dillinger Stadtteil Hausen.)

In Roßhaupten flankieren St. Ulrich und St. Afra den heiligen Andreas. Die Bistumsheiligen sind oft paarweise zu sehen.

Die beiden Bistumsheiligen – wo St. Ulrich ist, ist oft St. Afra nicht weit

Das Altarbild in der Andreaskirche in Roßhaupten zeigt eine für die Ulrichsverehrung nicht untypische Konstellation. Wo Ulrich zu sehen ist, sei es als Bild oder als Skulptur, ist auch die Bistumsheilige Afra häufig nicht weit. Nicht überall sieht man beide paarweise auf einem Kunstwerk (wie dem in Roßhaupten und auf den steinernen Reliefs im Hohen Schloss zu Füssen) oder getrennt, jedoch stilistisch identisch umgesetzt (wie in zwei Fresken in Lechbruck). Mitunter sind beide zwar in derselben Kirche, dort jedoch sehr verschieden dargestellt. Was beide grundlegend unterscheidet: Bischof Ulrich von Augsburg hat unstrittig existiert. Einzelne Wissenschaftler bezweifeln, dass St. Afra mehr ist als eine „literarische Fiktion".

Eine Skulptur der St. Afra (dort als Pendant zu einer Ulrichsfigur im gegenüberliegenden Seitenschiff) entdeckt man beispielsweise in Mariä Himmelfahrt, einer ehemaligen Klosterkirche von Zisterzienserinnen in Niederschönenfeld.

In einem steinernen Relief über dem Portal eines Treppenturms im Füssener Hohen Schloss erkennt man die Bistumsheiligen Ulrich und Afra – zwischen ihnen die Madonna mit dem Kind.

Füssen: St. Ulrich im Hohen Schloss der Augsburger Bischöfe

Das Hohe Schloss zu Füssen war die wohl wichtigste der drei Allgäuer Nebenresidenzen der Augsburger Bischöfe. Natürlich findet man den Bistumsheiligen Ulrich auch dort, jeweils flankiert von der Bistumsheiligen Afra.

Unter den Allgäuer Nebenresidenzen der Bischöfe von Augsburg war das Hohe Schloss in Füssen sicherlich die bedeutendste. Das Hochstift Augsburg hatte den Burgberg hoch über dem Lech 1322 erworben und dort eine Festung zum Sitz seines Pflegamtes Füssen gemacht. Bischof Friedrich II. von Zollern ließ das Pflegschloss ab 1486 um- und ausbauen: Diese Phase hat das Aussehen des Hohen Schlosses bis auf den heutigen Tag geprägt. Das Doppelwappen des Hochstifts und Bischof Friedrichs sieht man auf beiden Steinreliefs im Hohen Schloss, auf denen jeweils die Bistumsheiligen St. Ulrich und Afra zu erkennen sind.

Über dem Portal eines Treppenturms am Schlosshof entdeckt man die beiden Bistumsheiligen auf einem relativ gut erhalte-

Ein Relief des frühen 16. Jahrhunderts im Treppenturm an der Nordwestecke des Südflügels: Ulrich und Afra rahmen die Wappen des Hochstifts und Friedrichs von Zollern unter der Mitra.

nen, 1503 gefertigten steinernen Relief, zwischen den beiden die Madonna mit dem Kind. Im Treppenturm sieht man bei einer Schlossführung an der Wendeltreppe ein stark verwittertes Relief, auf dem Ulrich und Afra das Doppelwappen des Hochstifts und Bischof Friedrichs rahmen. Und im Nordflügel des Schlosses zieren geschnitzte Halbfigurenreliefs der Bistumsheiligen Ulrich, Afra und Simpert die gotische Kassettendecke des Rittersaals.

In Füssen steht außerdem eine Feldkapelle mit dem Patrozinium St. Ulrich und Afra. Dieser Sakralbau ist jedoch – mit Ausnahme von Trauergottesdiensten vor Beisetzungen – nicht zugänglich.

Auch aus weiter Ferne ist das landschaftsbeherrschende Hohe Schloss in Füssen, eine der Allgäuer Nebenresidenzen der Bischöfe von Augsburg, kaum zu übersehen.

Auch im Deckenfresko der Pfarrkirche St. Ulrich im Tiroler Dörfchen Unterpinswang reitet Bischof Ulrich Seite an Seite mit König Otto I. durch die Schlacht auf dem Lechfeld bei Augsburg.

Pinswang: der heiliggesprochene Bischof und der selige Bruder Ulrich

Ganz nah bei Füssen, aber bereits jenseits der Landesgrenze und damit in Tirol, steht eine der bekanntesten Ulrichskirchen im Lechtal – St. Ulrich in Unterpinswang. Im Deckenfresko reitet Bischof Ulrich von Augsburg dort in die Schlacht auf dem Lechfeld. Den Altar und weitere Fresken zieren andere Motive der Ulrichslegende. Man stößt auch auf die Legende eines seligen Bruders Ulrich.

Rund drei Kilometer Luftlinie nach der deutsch-österreichischen Grenzstation Füssen-Weißhaus (und damit schon in Tirol) steht die prominenteste Ulrichskirche des Oberen Lechtals. Pinswang gehört heute zwar zur Diözese Innsbruck. Doch nicht nur wegen der geringen Entfernung zur Landesgrenze, sondern auch wegen der Geschichte Pinswangs darf diese Kirche bei der Beschreibung von Ulrichskirchen südlich von Augsburg nicht fehlen. Schließlich besaß Pinswang noch bis Ende des 18. Jahrhunderts keinen eigenen Friedhof: Die Toten wurden im nahen Füssen bestattet. Erst 1786 löste sich die Pfarrei St. Ulrich in Pinswang von ihrer

Das Hochaltarblatt der Pinswanger Ulrichskirche zeigt eine Szene der Ulrichslegende: Der Bischof setzt dem unschuldig Geköpften wieder das Haupt auf und gibt ihm so das Leben zurück.

Urpfarre St. Mang in Füssen. Und erst 1813, nach der Franzosenzeit in Bayern, kam Pinswang bei der Angleichung der althergebrachten Bistums- an neue Landesgrenzen zur Diözese Innsbruck.

Die barocke Pfarrkirche St. Ulrich in Unterpinswang, einem Ortsteil des 400-Einwohner-Dorfes Pinswang, ist im Kern romanisch. Relikte zweier gotischer Bauphasen im 15. und 16. Jahrhundert liegen ebenfalls unter dieser Barockkirche. Eine erste, aus Holz errichtete Ulrichskapelle war schon um 1380 nach dem Tod des Einsiedlers Bruder Ulrich in Musau-Saba, dem Dorf am gegenüberliegenden Lechufer, entstanden. 1414 wurde eine kleine

Die 1732 geweihte barocke Kirche St. Ulrich steht nur wenige Kilometer hinter der bayerisch-österreichischen Landesgrenze auf dem Unterpinswanger Kirchbichl: Unweit dieses Hügels darf der Lech noch heute als ungebändigter Wildfluss dahinströmen.

Den Altar ziert eine kleine Figur Bischof Ulrichs von Augsburg, gut erkennbar an seinen Attributen, nicht zuletzt am Fisch.

gemauerte Wallfahrtskapelle gebaut. Diese Vorgeschichte ist der Grund, warum man in dieser Kirche mit dem Patrozinium des heiligen Ulrich auch die Grabstätte eines seligen Ulrich findet: Letzteren verkörpert hier die spätgotische Skulptur eines Pilgers. An der Brüstung der Orgelempore zeigen vier langrechteckige Gemälde jeweils Szenen der Legende des seligen Ulrich.

Fünf Fresken, das Altarblatt und eine Figur über dem Altar erinnern in Pinswang an Bischof Ulrich

Davon abgesehen wird diese Ulrichskirche optisch jedoch von barocken Malereien mit Motiven aus der Vita und der Legende Bischof Ulrichs von Augsburg dominiert. Im großen Deckenfresko des Hauptschiffs reiten der Bischof und König Otto I. vor der Silhouette Augsburgs durch die Schlacht auf dem Lechfeld. Das schemenhaft angedeutete Stadtbild zeigt freilich die Türme Augsburgs im 17. Jahrhundert. An allen vier Schrägseiten des Hauptschiffs stellen die Fresken Szenen aus der Ulrichslegende dar. Ihre Motive sind die Ulrichsmesse, die Kommunion König Ottos vor der Ungarnschlacht, das Fischwunder und das Motiv eines unschuldig zum Tod durch Enthaupten verurteilten vermeintlichen Ehebrechers, der von Ulrich ins Leben zurückgeholt

Vier langrechteckige Gemälde an der Empore der Kirche bilden jeweils Szenen aus der Legende des seligen Bruders Ulrich ab.

wird. Diese Szene, in der Ulrich dem Toten das abgeschlagene Haupt wieder aufsetzt, ist auch das Motiv des 1730 gemalten Hochaltarblatts der Kirche St. Ulrich. Den Altaraufbau vor dem Gemälde bekrönt eine kleine barocke Figur, die Bischof Ulrich verkörpert: Dank seiner Attribute, dem Bischofsstab und dem Fisch auf seinem Evangelienbuch, ist er leicht zu identifizieren.

Mit Beflaggung und Blasmusik feiern die Pinswanger alljährlich beide Ulriche mit einem Ulrichsfest. Und noch etwas erinnert an den heiligen und den seligen Ulrich: Nahe der Kirche St. Ulrich überspannen in Sichtweite voneinander eine denkmalgeschützte (1914 erbaute) und eine moderne Ulrichsbrücke den Lech.

Zwei Ulrichsbrücken überspannen in Sichtweite voneinander bei Pinswang den Lech. Die Brücke der alten Straße über den Fernpass (hier angeschnitten im Bildvordergrund) steht unter Denkmalschutz. Im Hintergrund ist die moderne Schrägseilbrücke zu erkennen.

Am klassizistischen Altar der Pfarrkirche St. Ulrich und Afra im Oberallgäuer Dorf Lauben sind die Bistums- und Kirchenpatrone Ulrich und Afra zu sehen. In dieser Kirche zeigte man früher eine Ulrichsreliquie, den sogenannten Ulrichshut.

St. Ulrich – der reisende Bischof und der Ulrichshut von Lauben

Die Ulrichskirche in Pinswang erinnert nicht zuletzt daran, dass das Bistum Augsburg lange Zeit bis in das Tiroler Lechtal und noch weiter in den Alpenraum hineinreichte. Aus den Jahrhunderten nach Bischof Ulrich sind sogar Besitzungen und Rechte an Brenner sowie bis aus der Region um Bozen bekannt. Seine Ämter waren aber auch schon für Bischof Ulrich von Augsburg mit vielen beschwerlichen Reisen im Sattel oder in rumpelnden Ochsenkarren verbunden, die bis in entlegenste Gebirgstäler des Allgäus führen konnten.

Ein Anlass seiner Reisen war Bischof Ulrichs Einsatz für den Wiederaufbau der in den Ungarnkriegen zerstörten Klöster und Kirchen. So hatte König Otto I. an Bischof Ulrich die Benediktinerabteien in Kempten und Ottobeuren übertragen. Mehr als 20 Jahre lang war Bischof Ulrich im Nebenamt der Abt des Klosters Kempten, das er ab 941 wieder aufbauen ließ. Noch kurz vor seinem Tod, 972, wurde er auch Abt des Klosters Ottobeuren. Das 955 von magyarischen Reiterhorden zerstörte Kloster Benediktbeuern wurde mit Unterstützung Bischof Ulrichs weitergeführt. Seine Reisen dienten zumeist

Die Malerei auf einer Platte in einem Rechteckfeld am Südostportal des Friedhofs in Lauben bildet St. Ulrich ab. Diese Platte schützt eine darunterliegende originale Wandmalerei aus der Zeit um 1520.

der Visitation seines Bistums. Dem Bischof ging es dabei insbesondere um die würdige Gestaltung der Liturgie durch den Klerus sowie um die klösterliche Zucht. An diese Reisen erinnert die Reliquie, die man einst in einer barocken Vitrine in der Kirche St. Ulrich und Afra in Lauben präsentierte.

Dieses Oberallgäuer Dorf liegt ungefähr 46 Kilometer nordwestlich von Pinswang und sieben Kilometer nördlich der Fürstäbtlichen Residenz in Kempten. In der Kirche in Lauben hat man lange eine Ulrichsreliquie aufbewahrt – den aus Hirschleder gefertigten Reisehut des Bischofs. Dass der breitkrempige, mit einer seidenen Schutzhülle versehene sowie mit Golddraht und Perlen verzierte Hut jemals von Ulrich getragen wurde, ist eher unwahrscheinlich. Dafür wirkt der Reisehut zu unbenutzt. Der Legende nach soll ihn Ulrich nach einer Rast in Lauben vergessen haben. Einer zweiten Legende nach habe er seinen Hut einem Einsiedler bei Kempten geschenkt. Der Ulrichshut wurde früher den Gläubigen zum Küssen gereicht, heute wird er nur noch zum Patrozinium vorgezeigt. Aufbewahrt wird die Reliquie im 1972 geweihten Pfarrzentrum in Lauben. In der neuen Ulrichskirche wurden auch die Figuren von Ulrich und Afra aufgestellt, die zuvor die alte Dorfkirche St. Ulrich und Afra (heute die Friedhofskirche) geziert hatten.

Zu diesem Buch – ein Brunnenheiliger erweist sich als „Fass ohne Boden“

Vielleicht wird der Hinweis, dass es sich beim Brunnenheiligen St. Ulrich thematisch um „ein Fass ohne Boden“ handelt, als Kalauer empfunden. Doch so ist es nun mal. Bei Ulrich, dessen markantes Attribut der Fisch als Symbol für das Wasser ist, möge das Wortspiel verziehen sein. Dieser Kulturreiseführer kann trotz seines Umfangs keine vollständige Auflistung aller Kirchen, Kapellen oder Kunstwerke sein, die an Bischof Ulrich erinnern – nicht einmal alle auch nur im Bistum Augsburg. Doch die wichtigsten Stationen einer Suche nach Spuren des Heiligen in der und um die Bischofsstadt Augsburg sollten in diesem Werk zu finden sein. Dabei wird (mit Ausnahme des sehr grenznahen Pinswang) darauf verzichtet, Ulrichs Spuren in Österreich zu zeigen, sowie die in der Schweiz, in Südtirol, im Elsass, in Ostbayern, in Baden-Württemberg und anderen Teilen Deutschlands. (1998 gab es 360 Ulrichspatrozinien im deutschsprachigen Raum, etwa 560 in Europa.) Vielmehr wird versucht, Ulrichs Wesen, Wirken und Wahrnehmung nicht nur in Bauten, Bildern und Büsten zu ergründen. Es geht auch um Geschichte – von den Hupaldingern, Ulrichs Adelssippe, bis hin zu Ulrich als Vorbild bei der Gründung der Bundeswehr.

St. Ulrich, fast überall und überall anders: eher konventionell in Illerzell und Diepertshofen (Landkreis Neu-Ulm), sehr bunt in Gundelsheim (Stadt Treuchtlingen in Mittelfranken) und – zur Abwechslung sehr modern interpretiert – vor dem Turm der Ulrichskirche im Kemptener Stadtteil Lindenberg.

Im Bistum Augsburg finden sich zahlreiche Ulrichskirchen und -kapellen. Doch die Verehrung des Heiligen geht weit über das Bistum hinaus: Auf Spuren (und den Namen) Ulrichs stößt man in weiten Teilen Deutschlands und in etlichen Ländern Europas, von Österreich und der Schweiz über Frankreich bis Portugal. Kunstwerke, die den heiligen Ulrich verkörpern, sieht man auch vielfach in Kirchen mit anderen Patrozinien: Beispiele dafür sind etwa Karlshuld (St. Ludwig) und Erding (St. Paul), Beuren (St. Cosmas und Damian) und Biberachzell (Mariä Himmelfahrt).

Immer wieder Ungarn – 955 und 1954: St. Ulrich und das „Wunder von Bern"

Die Schlacht auf dem Lechfeld, bei der Bischof Ulrich von Augsburg 955 seine Stadt gegen die Ungarn verteidigt hatte, wurde schon mal „die Geburtsstunde der Deutschen" genannt. Und eine „Schlacht" auf dem Fußballfeld – das sensationelle 3:2 der deutschen Fußball-Nationalmannschaft gegen die als unbesiegbar geltenden Ungarn im WM-Finale von 1954, das „Wunder von Bern" – wurde sogar als „der eigentliche Gründungsakt" der Bundesrepublik Deutschland bezeichnet. Es sind zwei legendäre Ereignisse mit einem Abstand von fast exakt tausend Jahren. Es sind zwei Siege der Deutschen über schier übermächtige Ungarn. Beide Male war Bischof Ulrich von Augsburg – mal mehr, mal weniger – daran beteiligt. Nur: Aufgefallen ist das bis dato kaum jemandem.

Im Jahr 1955 – nur wenige Monate nach dem WM-Finale in Bern – sorgten der tausendste Jahrestag der Schlacht auf dem Lechfeld und damit der heiliggesprochene Bischof Ulrich von Augsburg für Schlagzeilen – nicht nur in Augsburg, das Ulrich am 10. August 955 gegen die Übermacht angreifender Ungarn verteidigt hatte. Der Historiker Dr. Dieter Voigt urteilte: „Für die Nachwelt war und ist seine Teilnahme an der Schlacht auf dem Lechfeld 955 gegen die Ungarn die hervorragendste Leistung Ulrichs, als die Ungarn vernichtend geschlagen wurden. Bischof Ulrich galt als die Seele des Widerstandes. Sein Einsatz damals galt im mittelalterlichen Verständnis als wichtiges Kriterium für eine kämpferische Heiligkeit."

Im Juli 1954 aber kämpften erneut schier übermächtige Ungarn gegen die im Prinzip chancenlose deutsche Truppe – die sogenannte Fritz-Walter-Elf – im WM-Finale im Berner Wankdorf-Stadion. Bereits in der Vorrunde waren die beiden Mannschaften aufeinandergetroffen: Mit einem 8:3 hatte die „Goldene Elf" der Ungarn, die seit dem 14. Mai 1950 in 32 Pflichtspielen hintereinander unbesiegt geblieben war, ihr erstes Spiel gegen eine deutsche B-Elf gewonnen. Der 2013 verstorbene Kabarettist Dieter Hildebrandt gab in einem

Zeitzeugenportal – hörbar von Erinnerungen überwältigt – die damals allgemeine Einschätzung wieder. Hildebrandt wörtlich: „Ja, es war ein Wunder, ja. Gegen diese Mannschaft kann man nicht gewinnen. Gegen die Ungarn kann man nicht gewinnen. Es war ein Wunder." Dieses „Wunder von Bern" ging nicht nur in die Sportgeschichte ein. Der Sieg der deutschen Fußball-Nationalmannschaft gegen die ungarische Wunderelf wurde sogar als „der eigentliche Gründungsakt der Bundesrepublik" bezeichnet.

Das Fußballwunder am Ulrichstag

Stattgefunden hat das legendäre WM-Finale am 4. Juli 1954. Der 4. Juli aber ist der Ulrichstag. Ob der heilige Ulrich deshalb auch in die „Schlacht" auf dem Fußballfeld eingegriffen haben könnte? Klar ist: Ulrich ist nicht bloß der Patron bei Wassergefahren, es heißt, er habe mit seinem Bischofsstab bei Trockenheit Quellwasser entspringen lassen. Auch am Ulrichstag von 1954 war viel Wasser im Spiel: Rechtzeitig zum Finale öffnete der Himmel seine Schleusen, was – anders als für die feinfüßigen Ballzauberer aus Ungarn – für das eher kampfbetonte Spiel der deutschen Elf ein nennenswerter Vorteil war. Ein Vorteil auf nassem Untergrund waren auch die neuartigen Schuhe der Deutschen mit Wechselstollen. Regen war aber nicht zuletzt „Fritz-Walter-Wetter": Walter war der Mannschaftskapitän der deutschen Elf und fungierte auf dem Platz als „verlängerter Arm" des Bundestrainers Sepp Herberger. Der 1954 immerhin knapp 34-jährige Spielmacher war im Zweiten Weltkrieg an Malaria erkrankt, weswegen er danach mit Regen merklich besser zurechtkam als mit Hitze. Der Ausgang des Finales ist allgemein bekannt: Bereits nach acht Minuten führten die hochfavorisierten Ungarn zwar mit 2:0. Doch am Ende siegten die Deutschen mit 3:2 und waren völlig überraschend zum ersten Mal Fußball-Weltmeister.

Ist die Duplizität der Ereignisse auf zwei so unterschiedlichen „Schlacht"-Feldern mehr als Zufall? Streng wissenschaftlich betrachtet lässt sich kein Zusammenhang konstruieren. Was bleibt, ist aber – mal wieder – ein Wunder. An einem Ulrichstag. Ausgerechnet.

Literatur (Auswahl)

Albrecht, Stefan: Der Ungarnsturm als Erinnerungsort des Mittelalters im Römisch-deutschen Reich, in: Acta Archaeologica Carpathica, XLVII (2012), S. 169–197, https://journals.pan.pl/Content/81602/mainfile.pdf (letzter Aufruf: 07.04.2023).

Bader, Andreas: 500 Jahre Kirche St. Afra Betzigau, 1498–1998, Betzigau 1998.

Bader, Rupert; Wachter, Siegfried; Wechselberger, Karl u. a.: Auf den Spuren des Bruder Ulrich, Bruder-Ulrich-Schriften, Bd. 2, Pinswang 2012.

Berschin, Walter; Häse, Angelika (Hrsg.): Gerhard von Augsburg: Vita Sancti Uodalrici. Die älteste Lebensbeschreibung des heiligen Ulrich, Lateinisch-Deutsch, Heidelberg 2020.

Bonhag, Angela: St. Johannes Baptist, Merings älteste Kirche, in: 1000 Jahre Mering. 1021–2021, Augsburg 2022, S. 188–191.

Bonhag, Angela: St. Kastulus: Ein Heiliger schützt vor Pferdedieben, in: 1000 Jahre Mering. 1021–2021, Augsburg 2022, S. 204–206.

Breuer, Tilmann: Bayerische Kunstdenkmale, Kurzinventare IX, Stadt und Landkreis Kaufbeuren, München 1960.

Bushart, Bruno; Paula, Georg: Georg Dehio. Handbuch der deutschen Kunstdenkmäler, Bayern III: Schwaben, München/Berlin 1989.

Diözese Augsburg (Hrsg.): Der Augsburger Dom. Sakrale Kunst von den Ottonen bis in die Gegenwart, Berlin 2014.

Frei, Martin: Die Pfarrkirche St. Michael in Bertoldshofen, Lindenberg 2012.

Götz, Ernst; Habel, Heinrich; Hemmeter, Karlheinz u. a.: Georg Dehio. Handbuch der deutschen Kunstdenkmäler, Bayern IV: München und Oberbayern, München/Berlin 1990.

Groll, Thomas; Ansbacher, Walther: Augusta Sacra, Augsburg 2018.

Groll, Thomas: Bischof Ulrich von Augsburg (890–973), Lindenberg 2023.

Habel, Heinrich: Landkreis Mindelheim, Bayerische Kunstdenkmale, Kurzinventare, XXXI, München 1971.

Häring, Ludwig: Die Studienkirche in Dillingen/Donau, Lindenberg 2005.

Horn, Adam: Die Kunstdenkmäler von Schwaben, III, Landkreis Donauwörth, München 1951.

Kluger, Martin: St. Stephan Hainhofen, Augsburg 2012.

Kluger, Martin: Augsburgs historische Wasserwirtschaft. Der Weg zum UNESCO-Welterbe, Augsburg 2015.

Kluger, Martin: Glaube. Hoffnung. Hass. Von Martin Luther in Augsburg (1518) über den Dreißigjährigen Krieg (1618–1648) bis zur „Sau aus Eisleben" (1762), Augsburg 2016.

Kluger, Martin: Nationaler Geopark Ries. Landschaft. Geschichte. Kultur., Augsburg 2019.

Kreuzer, Georg: Ulrich. Bischöfe von Augsburg, in: Augsburger Stadtlexikon, Augsburg 1998[2], S. 882 f.

Layer, Adolf: Ulrichsbrunnen in Südeutschland und Österreich, in: Zeitschrift des Historischen Vereins für Schwaben, Bd. 67 (1973), S. 95–115.

Layer, Adolf: Verschwundene Ulrichsheiligtümer, in: Zeitschrift des Historischen Vereins für Schwaben, Bd. 78 (1976), S. 77–79.

Loreck, Susanne: Der Hut des guten Hirten, in: Katholische Sonntagszeitung, Nr. 26 (Juli 2017), S. 29.

Meyer, Werner; Schädler, Alfred: Die Kunstdenkmäler von Schwaben, VI, Stadt Dillingen an der Donau, München 1964.

Neu, Wilhelm; Otten, Frank: Bayerische Kunstdenkmale, Kurzinventare, XXX, Landkreis Augsburg, München 1970.

Oelwein, Cornelia: Die Geschichte der Fischerei in Schwaben, Augsburg 2005.

Otten, Frank; Neu, Wilhelm: Bayerische Kunstdenkmale, Kurzinventare, XXVI, Landkreis Schwabmünchen, München 1967.

Petzet, Michael: Die Kunstdenkmäler von Schwaben, VIII, Landkreis Sonthofen, München 1964.

Pötzl, Walter: Lebensbilder zu Bildern aus dem Leben, Beiträge zur Heimatkunde des Landkreises Augsburg, Bd. 11, Augsburg 1991.

Pötzl, Walter: Die Schlacht „auf dem Lechfeld" im Jahre 955. Bischof Ulrichs große Verdienste, in: Der Landkreis Augsburg, Bd. 3, Herrschaft und Politik, Augsburg 2003, S. 44–71.

Seiler, Joachim: Die Abtei St. Ulrich und Afra in Augsburg im Mittelalter, in: Münchener theologische Zeitschrift, Bd. 46, Heft 1 (1995), S. 37–68.

Seufert, Ingo: Die Kirchen und Kapellen der kath. Pfarreiengemeinschaft Bad Hindelang, Lindenberg 2009.

Voigt, Dieter: Suevia Sacra: Heilige und Bischöfe – Ulrich von Augsburg (923–973), Seminararbeit, Philologisch-Historische Fakultät der Unversität Augsburg, unveröffentlicht, 2006.

Weber, Konrad: Die Pfarrkirche St. Vitus in Donaualtheim, Reimlingen 2004.

Weidl, Reinhard: Pfarrkirche St. Ulrich in Pinswang, Christliche Kunststätten Österreichs Bd. 556, Salzburg 2014.

Weitlauff, Manfred: Das Lechfeld. Die Entscheidungsschlacht gegen die Ungarn 955, in: Schauplätze der Geschichte in Bayern, München 2003, S. 55–74.

Wörner, Hans Jakob: Bayerische Kunstdenkmale, Kurzinventare, XXXIII, Ehemaliger Landkreis Wertingen, München 1973.

Wüst, Wolfgang: Das Fürstbistum Augsburg. Ein geistlicher Staat im Heiligen Römischen Reich Deutscher Nation, Augsburg 1997.

Wüst, Wolfgang: Ein schwäbisches Reichskloster in der Schuldenfalle: St. Ulrich und Afra zwischen Westfälischem Frieden und Säkularisation, in: Benediktinerabtei St. Ulrich und Afra in Augsburg (1012–2012), Augsburg 2011, S. 250–273.

Zelzer, Maria: Geschichte der Stadt Donauwörth, Bd. 1, Von den Anfängen bis 1618, Donauwörth 1979.

Zoepfl, Friedrich: Margareta Ebner, Mödingen 2003[2].

o.A.: Pfarr- und Wallfahrtskirche Heilig-Kreuz zu Donauwörth, Donauwörth 2005[9].

Als Internetquellen wurden insbesondere genutzt:

Bistum Augsburg: Ulrich, https://bistum-augsburg.de/Heilige-des-Tages/Heilige/ULRICH (letzter Aufruf: 14.06.2023).

Historisches Lexikon Bayerns: https://www.historisches-lexikon-bayerns.de/Lexikon/Person:118625284 (letzter Aufruf: 14.06.2023).

Feller-Vest, Veronika: Ulrich von Augsburg, in: Historisches Lexikon der Schweiz (HLS): https://hls-dhs-dss.ch/de/articles/013020/2015-11-18/ (letzter Aufruf: 14.06.2023).

sowie Interneteinträge von Kommunen und Pfarrgemeinden

Bildnachweis

Fotografie Titel: Martin Kluger

Fotografie Rücktitel: Martin Kluger (4)

Fotografie Inhalt:

Die Fotografien in diesem Buch stammen von Martin Kluger, mit Ausnahme von:

Angela Bonhag: S. 75 (1/u.), 78, 79

Martina Deibler: S. 139 (1/o.)

Isabella Hacker: S. 2/3

Jürgen Kannler: S. 35

Wolfgang B. Kleiner: S. 69 (1/o.), 80, 81, 144/145, 146, 147 (2), 152, 148 (2), 149 (2), 150, 141 (2), 148, 149 (3), 151, 152, 153 (2), 154, 155 (3), 154, 155 (1/o.), 157, 160, 161, 162, 163 (1/o.), 166, 190 (2), 191 (1/u.), 192, 193 (2), 196. 197 (1/o.)

Hannah Kluger: S. 64, 65 (1/u.), 75 (1/o.)

Petra Kluger: S. 10/11, 118, 119, 121, 170, 178, 179 (1/o.)

Franz Riß (Aichacher Zeitung/17.02.2016): S. 77

Wikimedia Commons: S. 36 (Mogadir, gemeinfrei), 37 (Mogadir, gemeinfrei), 43 (Elsbeere, gemeinfrei), CC BY-SA 3.0), 99, 1/o. (GFreihalter, CC BY-SA 3.0), 103, 1/u. (GFreihalter, CC BY-SA 3.0), 134 (GFreihalter, CC BY-SA 3.0), 135, 2 (GFreihalter, CC BY-SA 3.0), 137, 1/o. (Tilman2007, CC BY-SA 3.0), 142 (Rensi, gemeinfrei), 143 (Rensi, gemeinfrei), 156, 2 (Mogadir, CC BY-SA 3.0), 158 (Rufus46, CC BY-SA 3.0), 159, 1/o. (VanGore, CC BY-SA 3.0), 159, 1/u. (Mattis, CC BY-SA 4.0), 168 (Ricardalovesmonuments, CC BY-SA 4.0), 172 (Mogadir, CC BY-SA 3.0), 174, 2 (Richard Mayer, CC BY 3.0), 179, 1/u. (Fentriss CC0 1.0), 181, 1/u. (Edelmauswaldgeist, CC0 1.0), 201, 1/u. (Gras-Ober CC BY-SA 3.0), 202 (Richard Mayer, CC BY 3.0), 203 (Richard Mayer, CC BY 3.0), 204, 1. v. l. (Historian.aleck08, CC BY-SA 4.0), 204, 2. v. l. (Flussar, CC BY-SA 4.0), 204, 3. v. l. (DALIBRI, CC BY-SA 4.0), 194, 4. v. l. (Hilarmont, CC BY-SA 3.0 DE)

Württembergische Landesbibliothek: S. 29

Eine Weiterverwendung durch Dritte ist nur mit ausdrücklicher Zustimmung der Rechteinhaber gestattet. Sollten Abbildungen in diesem Buch trotz sorgfältiger Recherche Urheberrechte Dritter berühren oder verletzen, bittet der Verlag um Kontaktaufnahme, damit entsprechend einer Lizenzanalogie ein angemessenes Honorar vereinbart werden kann.

eine liebevolle Geschichte
über Gottvertrauen

Dank

Für ihre Unterstützung bei unseren Recherchen danken wir vielen hilfreichen Pfarrern und Angehörigen der Kirchenverwaltungen. Angela Bonhag, Martina Deibler, Isabella Hacker, Jürgen Kannler, Wolfgang B. Kleiner und Franz Riß danken wir für die Überlassung von Fotografien. Anstöße zur Entstehung dieses Buches gaben Johannes Hintersberger MdL (Verkehrsverein Augsburg), Götz Beck (Regio Augsburg Tourismus GmbH) und Pfarrer Karl Freihalter (St. Stephan, Hainhofen). Für fachliche Hinweise danken wir Bezirksheimatpfleger Christoph Lang sowie besonders dem Augsburger Bistumshistoriker Domkapitular Dr. Thomas Groll.

Impressum

Bischof Ulrich.
Ein Heiliger aus Augsburg
Martin Kluger
1. Auflage, Juli 2023

ISBN 978-3-946917-42-7

www.context-mv.de

Pläne, Grafik und Produktion:
context verlag Augsburg | Nürnberg

Umschlaggestaltung:
Nicole Mielek

Lektorat:
Candida Sisto, Jessica Münderlein, Agnes Blasczyk

Druck:
Senser Druck Augsburg

Bibliografische Information der Deutschen Bibliothek:
Die Deutsche Bibliothek verzeichnet diese Publikation in der Deutschen Nationalbibliografie, detaillierte bibliografische Daten sind im Internet über http://dnb.ddb.de abrufbar.

HAUS
SANKT ULRICH

Bischof Ulrich. Ein Heiliger aus Augsburg

Eine Spurensuche in der Bischofsstadt Augsburg und im Augsburger Umland

Im Jahr 993 wurde Bischof Ulrich von Augsburg (890 – 973) heiliggesprochen – nur 20 Jahre nach seinem Tod in einem für damalige Verhältnisse fast biblischen Alter von mehr als 80 Jahren. Seit seiner Bischofsweihe im Jahr 923 hatte „Udalricus", der Sohn eines Grafen aus dem nahen Wittislingen, das Bistum Augsburg geleitet. Als Bistumspatron und Patron der Stadt Augsburg, als Brunnenheiliger und als Schutzpatron bei Wassergefahren, der Fischer und der Fischhändler war Bischof Ulrich von Augsburg ein ebenso beliebter wie „alltagstauglicher" Heiliger. Dass Ulrich im süddeutschen Sprachraum zu den populärsten Heiligen zählt, beruht aber nicht zuletzt auf einem kriegerischen Ereignis: Der Herr der Bischofsstadt hatte Augsburg im Jahr 955 bei der epochalen Schlacht auf dem Lechfeld gegen das Heer der Ungarn verteidigt. Deshalb wird Ulrich in zahlreichen Kirchen hoch zu Ross in der Ungarnschlacht dargestellt, und deshalb zählt ein Pferd zu seinen Attributen. Einem Fischwunder und Ulrichs Bedeutung für Brunnen und Wasser verdankt der Heilige sein markantestes Attribut, einen Fisch auf seinem Evangelienbuch. Dieser Kulturreiseführer leitet zu Spuren und Darstellungen Bischof Ulrichs: in der Stadt Augsburg sowie in Ulrichskirchen oder an anderen Orten im Lechtal und im Donautal, im Ries, auf der Alb und am Rand der Alpen.

Martin Kluger
Bischof Ulrich. Ein Heiliger aus Augsburg
216 Seiten, 258 Abbildungen, EUR 23,00
ISBN 978-3-946917-42-7

context verlag Augsburg | Nürnberg